赞助出版：凯瑟克基金会

灾难·超越系列

灾害康复社会工作

Disaster Rehabilitation
Social Work

主编／欧羡雪

编审委员会

古学斌 博士

欧羡雪

霍小玲

潘敬青

社会科学文献出版社
SOCIAL SCIENCES ACADEMIC PRESS (CHINA)

鸣　谢

香港红十字会

香港复康会

绵竹青红社工服务中心

成都信识工程学院

绵竹汉旺学校

陈绍勤先生

罗英敏先生

包颖懿女士

丛书编者序

灾难，一场悸动生命的学习

2008 年 5 月，四川"5·12"地震把香港理工大学和许多国内外的专业团队牵引到这片土地上。抱着为这一重大事件出一分力、尽一点心的意思，4 年间，这些团队在四川辛勤地进行"播种""浇灌"和"养殖"的工作。其中"川越5·12"专业支持计划由香港理工大学应用社会科学系的社会工作专业教师团队执行和拓展，由香港凯瑟克基金提供资助。这个项目计划的重点不在硬件的建设，也不单关注一个或数个灾区服务点方案的执行。这个项目的课程和行动是针对援川过程中人道服务队伍的实务质素和一线工作人员的专业及成长需要而设计。因此，项目以"能力建设"和"搭建学习平台"为整体方案的执行目标。从 2008 年 9 月至 2012 年 12 月项目结束，共开办了两套专业实务支持课程："播种春天，生命教育"及"NGO 能力建设"；培训对象包括社会工作教育工作者、一线社工、NGO 项目工作人员、中小学教师及地区政府干部等。同时，项目团队在四年间为四川重建中的伙伴学校的社会工作服务、康复服务、社区重建服务提供到点的咨询及督导服务。

项目的完成，除了项目团队拥有共同的信念和献身精神外，更重要的是，我们得到很多优秀的国内外专业培训团队和导师无私的支持，社会工作专业与管理、教育、传媒、在地民间组织等的专业人员跨界别的组合互动和学习。四年来的合作和交流，我们彼此丰富着，同时，我们自己也在经历深刻的成长和转化。

因为灾难本来就是一次悸动生命的学习！同时，这也是一次梦想与行动相遇的旅程！

2008 年 11 月，我们项目团队第一次在四川彭州白鹿镇跟一个因地震致残的幸存者（一位妇人）交谈。她刚从医院回来，因为在地震中失去一只手臂，需要进行截肢手术，当时装配了一个义肢，正在调理适应期。妇人原本的情绪是冷静的，淡淡地述说着自己的经历，倒是我们几个"专家"，坐在她的旁边，显得极度战兢和笨拙。当她慢慢地跟我们建立起一种信任，她就再也不是疏离地回应，而是开始更坦然地让我们走近她的伤痛。同行中有临床心理学家和服务伤残人士的社工，大家以一种挚诚的态度去聆听，去关怀，但我们必须承认，当时大家的心都一直往下沉，觉得言语的无力，想到灾区这些突然经历重创的生命，我们的心撕裂般地痛，极大的无力感开始吞噬着我们。这样的一个场景，我们该怎样结束呢？最后，我关注地提了一个问题："你有想过以后你该如何生存下去吗？"没有想到，原本泪流满面地坐着的她，听了这个问题，突然站起来，转身往屋内走去。她从床垫下取出一幅还未完成的刺绣，跟我们说，这是地震前她的第一幅作品，当时她用一双手来学习，现在她会学习用剩下那一只手去完成。她的这一举动和应对把当时整个氛围都逆转了。从绝望到盼望，她竟然是一个魔法师，把自己和大家带到一个新的视域和立足点！

我时常会提起她，因为出于一份感恩的心，是她让我们更有勇气和信心去走完这四年的旅程。2012 年 8 月，我们在白鹿镇的大街上重遇她，白鹿镇已被打造成全新的法国风情小镇，她，仍是谦谦柔柔，笑中带泪地述说着四年来她的生命历程。她在经营一个小茶摊，仍会为她所失去的有所怀缅和自怜，但

她更多的是在说她的丈夫、儿子和家人对她的照顾与体谅；她对重建自己的小镇满怀热情，她自觉每个到茶摊喝茶的客人都被她的故事感动，隐约中，她似乎意会到自己的另一种存在价值！

这是四年来我在四川重建工作中经历的一个"深刻事件"，这一事件触发我思考很多的问题。我被她的单纯和善良感动着，特别是她在创伤哀恸中表现出的一种睿智的视角转移和抉择。她的信心、勇气和生活实践态度，震撼着我原来对生命的理解，我想到那天她提到在未来的日子她会用一只手去编织和完成她的刺绣——这确实是一个充满力量的表述和抉择！

试想我们一般人如何去理解我们的生活？我们是从"拥有"的立足点去看我们的需要和"缺乏"。所以我们有很多需要完成的任务，有很多有待解决的难题，有很多现实的阻碍和困扰，有接连不断的伤害和挫折……这是一种真实。

当人经历一次惨痛的失去，他不再可能以"有"作为立足点。这样，他反而有一个转换视角的机会，从"没有"出发去看自己。当然，有人可能从此自怨自艾，但这也可能是一个生命转化的机会。如白鹿镇的妇人，在缺欠中看见自己的另一种完整、一种对生命承担的意志和勇气。

余德慧在他的《生命梦屋》中有这样一段陈述：

哲学家牟宗三先生说："人的意识生活，亦是一方是有取，一方是无取。"换句话说，人的意识是由"动手去拿"与"内心自觉"两种样态构成的，其中"有取"是让人认识他所处的环境，把眼睛往外看，而"无取"是在认识自己，也就是自觉。[①]

"自觉"与"有取"之间的困境是：人一方面追求成功，

---

① 余德慧：《生命梦屋》，台北：张老师文化，1994。

另一方面却发现成功掏空了"自觉"。而无取之人是在精神上以"变化"为生命核心的追求,"自觉"是一场自我成长和转化的旅程,从"自我怀疑"到"自知之明",从"自惭形秽"到"自我承担",从"自障"到"自得其乐",从"绝望"到"盼望"!

成人教育学家梅兹(Jack Mezirow)于 1975 年提出有关"转化学习"的概念。之后,很多教育实践工作者尝试以他提出的概念和框架进行探索并不断地完善。"转化"有别于一般的知识增长和技术演练,转化是针对人根本的价值信念进行挑战和深化。"无取"或是"为失去而活"这种思维方式质性的改变可以是源于一个重大的触发事件,这一事件成为一次学习历程。他提出用十个阶段去概括一个学习者如何经历和完成这种深化的学习:

(1)触发事件或震撼性困境的出现。

(2)经历和自我检视各种丰富的情绪,如震惊、悲伤、恐惧、哀恸、愤怒、罪疚感、羞耻感。

(3)批判评估已深植于思想的传统价值观、基本假定、社会规范……并开始能以一种疏离的态度去检视这些价值理念和规范。比如一个经历离婚这种震撼性事件的人,开始思考自我价值、亲密关系和自由孤独等问题的原本信念假设及被冲击后形成的新的理解。

(4)开始察觉自己与他人不一样,也能与他人的类似经验互相联结,同理他人的感受,开始与其他人互动。

(5)尝试修正、扩充、补足旧信念和思维系统,开始探索新角色、发展新关系、采取新行动。

(6)尝试规划新的行动方案。

(7)学习新的思维方式,吸收新知识和新技能以应对新方案。

（8）启动新的行动策略和方法。

（9）在新的学习历程中扮演好新角色，并加以评估和检视，在新角色中逐渐建立自信与能力感。

（10）对学习者而言，当新的情况逐渐形成时，便可以以新的视野重新融入。

转化学习是一种知觉的改变，是一种高阶和深度的学习。它背后的假设是：我们不自觉地、惯性地依据着传统、社会规范、专业操守、角色期望等参考架构（frame of reference）来生活和抉择。因为是惯性，所以大部分人只是因循守旧地"活着"，而不会质疑一些基本假定和被视为理所当然的信念，更难以察觉这些假设可能局限而且扭曲了我们对这个世界的基本理解。

一场灾难，动摇了许多人原本的参考框架，让我们对"如何"认识自己和这个世界（how we know）做出深刻的反思、理解和改变。深刻的体会和经历让学习者看到新的参考架构，更新了他们的求知方法，颠覆了他们的心智模式。

这种学习经历就好像故事中的那只鹰

一个人在高山之巅抓到了一只幼鹰，他把幼鹰带回家，养在鸡群之中。这只幼鹰和鸡一起啄食、嬉闹和休息。它以为自己是一只鸡。这只鹰渐渐长大，羽翼丰满了，主人想把它训练成猎鹰，可是由于终日和鸡混在一起，它已经变得和鸡完全一样，根本没有飞的愿望了。主人试了各种办法，都毫无效果，最后把它带到山顶上，一把将它扔进深谷。这只鹰像块石头似的，直掉下去，慌乱之中它拼命地扑打翅膀，就这样，它终于飞了起来！它才发现——自己是一只鹰！

生命中一些重大事件打破了我们对自己的固有认识和一些思

想上的执著，当我们愿意用新的观点和视角去认识自我和这个世界时，我们会有意想不到的发现和理解。

项目计划出版一套丛书，丛书共有四本，包括：

（1）《灾害康复社会工作》；

（2）《四川灾后非营利组织能力建设：课程及案例》；

（3）《播种春天　生命教育》；

（4）《灾后社区发展及重建》。

以上四本书是对应灾害康复及灾后重建领域相关课程的，我们希望把这些课程内容和实务经验做一次整理，作为日后不同领域防灾备灾课程的教材；同时，我们借编写过程，与理论和经验再次对话，特别是回顾学习过程中的转变，思考和认识这场灾难带给我们的正面意义。

霍小玲

目　录

第六章 以学校为本的康复社会工作

第一章 本书的背景

欧美雪

"5·12"四川汶川大地震已过去了四年时间，当中不少生命被夺去，不少家庭被摧毁……随着时间的流逝，天灾人祸在人们的心中仍留下不可磨灭的记忆。但在这痛苦的过程中，亦发现很多鼓励人的生命故事及人物。残疾人士重新站起来，破碎的家庭重新建立，一张张从苦难中走出来的坚毅笑脸……这些家庭重建的经验，当中陪伴他们走过的不同专业人士及志愿者，这些都构成本书的背景。

1 本书的由来及目标

在这四年中，很多国内及境外的社工专业人士为了协助灾区重建工作，不惜离乡别井，驻守在四川当地，尝试用有限的知识及技巧去帮助推进灾后重建的工作。本书更特别是书写灾后重建的康复社会工作。在国际有关灾难的丛书中少有特别为灾后重建的残疾人士而写的实务文章。在四川地震当中，除死亡外，伤员大部分是肢体残障，在四川不同的灾区都有很多，严重程度亦各有差异。由于肢体残障有些是终生的，他们所需要的支持，不仅仅是灾后即时的帮助，更要在他们日后的生活中延续下去。因此，书写这本《灾害康复社会工作》，对他们有着重要的意义，使他们对未来愿景有更多的期盼。

1

本书的目标是总结四川灾区三年来的实务经验，整理实务与理论的关系，反思由理念到操作、由操作到实务改善建议等。因此，本书所有材料都是原创的，都是第一手的，都是有血有汗的，我们希望从这些实务经验中引出社会工作教育的用途。现在内地的社会工作教育中，实务教学很重要，社工学生需要从理论到实务操作都有所认识，进而明白社会工作的实体。此外，灾后重建的康复社会工作更重要，能使其他人士认识到在灾难发生后，面对大量伤残人士及其家庭，可以提供什么样的服务及帮助。

2 本书的对象

本书是专为内地社会工作教育者及学生而写。改革开放后，中国内地的社会工作教育已发展了二十多年，未来社会工作教育需求会更大，这是因为国家正大力加强社会工作人才队伍建设。社会工作教育不单是理论的教导那么简单，社会工作是"道德实践"的专业，其中包括重要的社会工作价值观、理论的知识及实际实务操作的技巧。现今社会工作教育者很需要明白从理论到实务是如何进行的。此外，在灾难发生后，庞大的需要突然涌现，特别是在灾难发生后，常有伤员变成终身残障人士。如及早有准备训练一些有能力响应灾难的学生是很重要的。当然，本书亦是为所有前线工作人员，甚至是志愿工作者而写。从具体实务经验及操作，到实务示范，都是让他们容易掌握这些经验。

3 本书的作者

本书的作者全是参与四川汶川大地震灾区工作的实务者，他们中有内地及香港的社会工作教育者，亦有机构管理者、前线社会工作人员等，可能只有一两位作者的名字出现在书中，但其中的内容有很多是默默在灾区工作三年多的前线社工、机构管理者、高校老师等贡献的。这些作者中有的是学者及实务者，或可说他们是实践的学者。此外，更有些是服务使用者，即灾民，此处不能将他们的名字一一列出，但他们所付出的努力、他们惊人的生命力、面对逆境不低头的精神，可以从文章内容中反映出来。

4 撰写过程

在撰写的过程中困难重重，由于很多项目都有资金资助的时限性，多是在灾难后两年或三年结束。目前，各项目正处于完结阶段，需要整理经验及寻找新的资源进入，以使项目能持续发展下去。因此各项目负责人既要忙于处理这些转接工作，又要整理所有实务经验，书写文章让更多人可参考，在此要多谢他们的努力。此外，编写者常会在理论多些还是实务及操作多些间挣扎，因此常在一些地方只能看见端倪。因为每一项目的特点有所不同，他们的着重点也会有不同。

5 内容特色

本书非一般学术性著作，亦不是灾难救灾的手册，而是处于两者之间。所有内容都是从实务经验开始，引出实务背后的理念及理论。在一般的灾后重建工作中，庞大的需要在短时间内涌现，所有实务人员只能按当时处境，缓急优先地按需要提供服务，没有时间思考是从哪个理念及理论出发来进行灾后重建，一般是很快响应当时需要。但所有有经验的实务者已内化了社会工作的价值观及理念，虽没有时间思考，其实在操作中已呈现出来。因此，在实务内容中是可以将理念及理论梳理出来的。此外，我们也希望本书的资料可供其他人学习及参考。因此文章中亦强调可操作性及参考性，让读者更好地认识及应用。最后是反思部分，这次四川地震后的重建经验，应用康复社会工作于内地是社会工作实务本土化的过程，当中有很多做得好的，也有很多做得不好的，特别是香港的社工专业人士没有在灾区工作的经验，对四川本土文化亦认识不够，有很多挑战的地方。因此，本书亦希望借此引发读者更多思考，应用康复社会工作的原则，在灾后重建工作中可有更多改进的地方。

6　内容结构

本书挑选了四个项目作为书写的内容重点，主要概括为三个康复工作中的重要模式：第一是以机构为本的德阳市残联－香港红十字会康复及假肢中心。第二是以社区为本的两个机构——香港复康会－四川地震灾区社区康复资源中心及绵竹青红社工服务中心，两者是以社区为本，但大家的重点及特色不同。前者为香港机构，督导及顾问团队多来自香港及海外，前线工作员为香港及内地人员。后者是内地本土机构，从顾问、项目管理到前线工作员都是内地人员。第三是以学校为本的香港理工大学绵竹汉旺学校社工站，是香港高校支持的项目，督导及前线工作员全是内地人员。

全书的结构是先有书的背景及灾害康复社会工作的视野，接着每一项目便就其实务经验，在同一结构下书写及阐述。其结构是机构服务背景，理论与理念，介入模式，操作步骤，实务示范，反思及改进，一层一层地将实务陈述清楚，从此结构出发去理清每一实务经验背后的理念、操作步骤并进行反思。

7　本书的使用及愿景

　　由于本书的书写是根据已做的实务，并且本书只选了四个项目做例子，因此有很多限制，不能全面体现四川灾区的康复社会工作，只能反映部分经验。同时，帮助残疾人士是需要多种专业合作的，本书主要阐述社会工作的范畴，对医护、康复治疗、心理治疗等较少描述，这亦是本书的限制。而且，面对本土化的限制，这次救灾及灾后重建工作，很多是香港的经验应用在四川，有很多可取，亦有很多不适合，因此本书只能做参考并引发反思。

　　本书一切资料希望为教育及实务服务，引发更多尝试及使用、批判、改进、反思及积淀，使灾害康复社会工作日后成为更有系统、可持续发展的课程。

第二章 灾害康复社会工作的视角

欧美雪

1 引言

在有关灾害的丛书及文章中，很多都强调灾害的预防、管理、救灾、恢复工作……在这些工作的背后需要不同的社会机制做出不同的响应及协调，包括政府、民间机构、受灾社区及幸存者等层面，很多研究者都努力尝试研究发掘更好的方法去预防、管理灾害并降低灾害的影响。因此文献多集中在工作层面或可以帮助做这些改善工作的人士身上。在灾害社会工作层面，[①] 如沈文伟博士的文章集中阐述社会工作者的角色。在四川汶川大地震后，社会工作者在灾难救援的不同阶段扮演不同的角色，发挥不同的功能，这些都是促进灾害社会工作发展的好的素材。与此角度不同，笔者在本文中尝试从另一角度书写灾害康复社会工作。

汶川大地震中产生了大批残疾人士，[②] 包括儿童及在职人士，他们都是以肢体、腰、颈椎及神经受损为主。面对大批受灾残疾人士，大家会想到这些残疾人士需要很多专业的救援。从一个助人者的角度去看受灾残疾人士，与从受灾康复者角度

---

① 沈文伟：《社会工作与灾害管理》，《公共管理高层》2011 年第 10 辑，第 31 ~ 48 页。

② Ying Cao and Nabil Kamel, The role of gender and age in fracture distribution following the 2008 Wenchuan earthquake, *Natural Hazards* 59 (2011): 1357 – 1375.

6

去看是不同的。笔者改称他们为受灾康复者而不称其为残疾人士，亦正是从不同的角度看他们。康复代表他们有正面的潜能及未来；反之，残疾是标签他们的缺损及缺陷。因此，本文不是从助人者社工的专业角度看，而是从受灾康复者与社会互动的视角来看。这里会先引入三种视角——支配式处理灾害与社会弱势视角、个体与社会模式视角、优势为本与问题为本的视角——从而带出受灾康复者的特质与社会不同系统的关联，再引申出灾害康复社会工作的重要理念及手法。这些理念及手法在本书后面的实践例子中有更明确的阐述。

2 支配式处理灾害与社会弱势视角（Dominant and Social Vulnerability Views of Disaster）[①]

从支配式处理灾害的角度看灾难，是相信灾难是自然界发生的异常现象，是因为自然界的动力及变化而成，与政治、社会或经济无关，亦是人类不能处理的反常现象。人在灾难面前欠缺能力及信息做决定，因此他们需要被带领及被指导。在此角度下，相信拥有权力及资源的中央机构，全面带领去解决问题及救灾，自上而下，运用科技、工程等自然科学去应对灾难，目标是减轻物质性的破坏，是属于实用主义的哲学角度。在汶川大地震发生后，明显看见中央政府正是采用此角度去救灾及重建。从此角度来看救灾和重建都很有效率及效果，[②] 可惜，在此视角下常忽略许多弱势群体的需要，包括本书所说及的所有的受灾康复者，李楚翘博士指出，政府未能找出及消除导致灾难的政治、社会、经济等因

---

① Brenda D. Phillips, Deborah S. K. Thomas, Alice Fothergill, and Lynn Blinn-Pike, *Social Vulnerability to Disasters*, CRC Press, 2010.

② 李楚翘：《从弱势群体之角度看社工协助川震致残人士康复的角色》，四川灾后重建与社会工作国际会议，2011。

素，解决康复人士在交通上的困难，消除残疾歧视，创造康复人士自决、自助、自强的条件，协助他们表达意愿。

社会弱势视角侧重政治、社会、经济因素对灾害发生及破坏的影响。例如，康复及贫穷人士所住的地区更容易受大自然灾害影响，地震发生时，他们的简陋房屋更易倒塌，他们也没有能力逃跑求生，这更导致灾害的严重性。这种视角下着重消减种种社会弱势，发掘、发展弱势群体的能力，协助他们发声、自决、求助及自助。不会仰赖中央统一调配，而是分权及以社区或以社群为本去解决问题，推动草根的自下而上的运动，运用地区知识、网络、创意去应对灾难，相信平等机会并减少不公平的情况。在汶川地震中，受灾的地区除了断裂层附近的地区外，有很多是建筑不稳固的校舍、农民的房屋、结构较老化的企业工厂，房屋倒塌灾民的受灾严重性大大增加。这正反映了灾害的发生与政治、社会及经济因素相关，单从支配式角度来面对是不够的。

从这两个对比的视角来看社会环境与受灾群体的关联及互动，在灾害发生后，我们如何看待受灾康复者，他们的受灾处境是如何形成的，他们的权利及能力是否得到正视，社会环境给他们什么样的响应，等等，这些都是需要深入了解及审视的。灾害康复社会工作不单是多增加一个专业来帮助受灾康复者那么简单。

3 个体与社会模式（Individual and Social Model）视角

在过往三十多年传统对残疾看法的理论中，个体模式是早期的主流，认为残疾是上天惩罚一些不道德的行为[1]（道德模型，

---

[1] Juliet C. Rothman, *Social Work Practice Across Disability*, Allyn and Bacon Publisher, 2003.

Moral Model），残疾本身是个人行为的结果；或被视为个体的不正常或缺失，是临床的状况，是功能的缺损，是异常的。① 这些都是缺陷模型（Deficit Model）。即使是世界卫生组织（World Health Organization）早期对残疾的定义亦是以个体模式为主，定义残疾为损伤、弱能、缺陷等。因此在此模式下，残疾这一事实是个体问题，与社会无关，社会人士无需考虑如何帮助这一群体。因此以医疗模式为主的康复服务便是主流，认为为康复者提供诊断、医疗及康复计划便足够，同时将他们隔离在主流社群以外的院舍中治疗，而他们回归社会及与社群互动是被忽略的。康复者处于弱势，是被标签、被边缘化的，他们的残疾被认为是个人引致，亦是异常的社会现象。因此极端的情况便以优生学模型（Eugenics Model）及社会达尔文主义模式（Social Darwinist Model）否定他们的权利，认为适者生存，需要他们自己进行社会竞争，否则便自生自灭。

与之相关，社会模式的兴起是因人权运动的兴起，社会运动家及实务人士开始批评个体模式的问题。Oliver Michael② 于1983 年清晰地指出个体与社会模式的区别，成为近代康复社会工作理论讨论的蓝本。社会模式认为残疾的原因和责任在于社会，而不是个人，认为要改变社会而不是个人，因为他们相信个体消极的自我意识源于社会公众对他们的消极意象。社会上的人将残疾人士视为差异及另类，创造一个自我满足的正常人社会，将残疾人士边缘化及标签与隔离，剥夺他们的权利。在此模式下，残疾人士被压迫，被标签，后来后现代主义兴起，在其深刻影响下，形成了社会结构思维，认为残疾不是真实，而是社会建构出来的，社会上的人界定自己的健全世界为正常，这是一种结构现象。但当女权主义加入后，在思考所谓的标准

① Townsend Peter, *The Social Minority*, London Penguin Books, 1973.

② Oliver Michael, *Social Work with Disabled People*, Basingstoke Macmillan, 1983.

及人体健全时，会问：谁来定义健全？如果完美的身体才是社会标准，女性身体被定义为柔弱，低于男性，因而被定性为弱者，被压迫，那么残疾人士的身体更加残缺，更是弱者及有问题。这些标准都出于特定的社会结构。

其实个体与社会模式都处在矛盾和吊诡中，谁去定义残疾，谁是正常人，等等。放在灾难救援的工作上，[①] 用个体模式来进行康复社会工作，多考虑单独帮助受灾康复者进行医疗及康复训练，忽略其社会环境、社群适应及功能恢复。此外，在灾难发生后康复者会更加弱势，因为他们自身的损伤、资源的缺乏，比普通灾民更甚，因此用个体模式的视角会更弱化及边缘化康复者。反之，社会模式着重通过救灾过程改变社会环境及社会人士对受灾康复者的看法，建立更包容的社区。在重建灾区的过程中，考虑他们的通道、交通、家居的需要，让他们可以重返更包容的社区，与其他灾民一起共同平等地生活。此外，更要组织受灾康复者参与重建及备灾的过程，让他们自我表达，视他们有平等权利。

4 优势为本与问题为本（Strength-based and Problem-based）的视角

传统的社会工作理论都是以问题为本，为社会上有需要的人解决问题，虽然是助人自助，但亦是从问题出发，帮助当事人用不同方式解决自己的问题。当社会工作不断发展后，不同学者开始从问题推至问题背后当事人的需要，并从需要出发，协助他们，虽然这转变已脱离标签当事人为有问题的群体，但这一视角

---

① Mark Priestly and Laura Hemingway, Disability and disaster recovery: A tale of two cities, *Journal of Social Work in Disability and Rehabilitation*, 2006, Vol. 5（3 - 4）, pp. 23 - 42.

亦存在定义他们为弱势群体的问题。因此近代社会工作多以优势为本，以他们自身的能力、潜能、资本为基础，强调发掘、发展他们的优势，而不是仅仅根据问题及其原因去解决问题。当把后面这种视角应用于灾害社会工作时，受灾的社群多属缺乏资源人士，因而衍生出很多问题。受灾康复者更甚。别人倒塌房子有资源提供时自己可以重建，但截肢人士即使有金钱的资源也没有能力自行搭建新房子，除非有更多资源聘用其他人建屋。受灾后别人重新投入新工作，康复者失去过往工作能力，还在康复训练过程中，问题频生，有什么能力、优势、资本可说？其实视角就是指如何看，以上是问题为本的视角。如是优势为本的视角，则会看到受灾康复者的生命力，他们以坚毅的精神克服痛苦及困难，重新站起来，这已是很大的资本，再加上经历相同苦难的康复者，那种团结的力量很大，没有难成的事，只有相信难成事的人。康复者的坚毅及信心促成他们在灾后很多感人的故事，可在本书后面看到。

概括这三种视角，可见社会弱势及社会模式视角都着重关注社会这一系统，不能单从个体及自然科学角度去理解灾难与残疾人士现象。此外，这两个角度亦强调弱势群体（受灾康复者）的权利及倡导及其在救灾、重建及备灾过程中参与的重要性。优势为本视角着重他们的优势及权利，而不是关注他们的劣势。

5 从视角到实践

在本书背景中笔者曾介绍，本书选取四个在四川灾区重建的康复社会工作实务例子——从理论、理念到介入模式、操作步骤、实务示范及反思——亦用康复社会工作常用的模式予以分类。

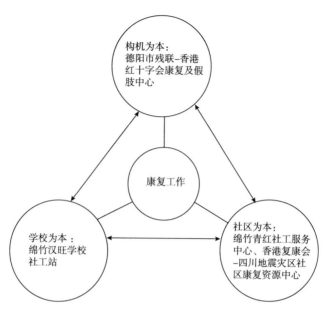

图2-1　灾害康复社会工作三大模式

　　在这里不详细介绍上面三种模式的区别，在后面各章中不同作者会就该模式展开叙述。笔者从以上阐述的三种视角出发，指出这四个实务机构在理念及介入模式等方面是如何带有这些视角的。

6　重视受灾康复者的能力及权利

　　从优势为本的视角出发，已肯定康复者本身具有的能力、潜能及资本是很多的，因此香港复康会选用"自我管理"为他们的理念及实务手法，强调康复者本身有能力管理自己的身心健康并持续发展。在受灾的大环境下，最初有很多专业人士协助救援及重建，但日子久了，这些资源都要撤走。因此，使康复者恢复自身能力很重要，能让他们持续发展。由于支配模式会弱化受灾康复者，政府控制大批资源协助康复者，使他们养成"等、靠、要"的思想，而且这些资源只集中在救灾初期。① Michael 在文章中指出，在灾难的循环周期中，在重建完结前，资源撤走及减少，地方政府或其他团体可能很多处于负债的处境，地区经济面临严重的衰退，工作机会及收入减少，在此阶段，康复社群自身的生计能力又未完全恢复，他们将一再弱化最终陷于贫穷。因此，消减康复者的弱势，让他们参与重建很重要。不论是绵竹青红社工服务中心的生计互助项目、香港复康会－四川地震灾区社区康复资源中心的自助互助小组，还是汉旺学校社工站的家长互助小组、德阳市残联－香港红十字会康复及假肢中心的生计互助小组，都证明增权的重要性，要康复者自己表达自己的声音，自己恢复生计能力，重投灾后的社会，表达灾后他们的真正需要，使地方政府及民办机构重视他们的权利及参与。

7　超越个体层面的社会系统工作

无疑，个体模式有弱化康复者的危险，但个体模式亦有其价值，因为它着重帮助康复者克服本身的残障，运用跨专业、多元化的医疗及康复资源协助受灾者的身体恢复。② Laura M. Stough、Amy N. Sharp、Curt Decker 和 Nachama Wilker 指出，在灾难后的康复工作中，个案管理模式有效而且重要。由于受灾后康复者需要的复杂性，需要很多专业资源协助。无论身体受伤致残，还是心理及社会适应都各不相同，都需要个别协助，因此需要用微观社会工作个案管理的手法来帮助他们。在四个实务例子中，除了

①　Michael Dunford, Earthquake reconstruction in Wenchuan: Assessing the state overall plan and addressing the forgotten phase, *Applied Geography Journal*, 31 (2011): 998 – 1009.

②　Laura M. Stough, Amy N. Sharp, Curt Decker, and Nachama Wilker, Disaster case management and individuals with disabilities – Hurricane Katrina 2005, *Rehabilitation Psychology 2010*, Vol. 55, No. 3, 211 – 220.

绵竹青红社工服务中心,其他机构都采用个案管理手法来协助受灾康复者,亦坚持跨专业、全人康复的理念。

这些机构不但关注个体,也关心个体周围的系统,如家庭、学校、社区等。Michael 在《汶川研究》一文中指出家庭在灾后重建中的重要性。特别是这次地震是在下午学生上课时发生的,[1]大量伤者是小学生及中学生,突然间成为永久残障。家庭的支持很重要,也是持续一生的。在汉旺学校社工站的理念及工作手法中,可见他们如何着重家庭为本的灾害康复社会工作。[2] Nobhojit Roy 等的研究指出训练家庭成员在地震后协助医疗及康复工作有多么重要。

在灾难发生后,最初社会人士对康复者多抱持怜悯及同情之心,日子久了,对他们与对其他在地震前就已残疾的人士没有区别,都是歧视及标签。在社会模式及社会弱势视角下,要针对的是社会上的人而不是康复者个体,社会结构的残障及正常标准都要重新审视及修正。汉旺学校社工站提倡社会包容理念,面向汉旺学校普通的学生与康复学生,提供适合他们的发展性活动,让他们在包容的环境中平等共处,发展潜能,服务社群。这正是在消除健全人对残疾人士的标签及歧视。此外,香港复康会-四川地震灾区社区康复资源中心亦用社会包容理念,进行不同的社区教育,改变社区人士对康复者的看法,倡导无障碍通道及包容的社区生活。绵竹青红社工服务中心更以增权为主,开发适合康复者的生计项目,在社区中举办不同生计活动,在普通的重建社区中,让社会人士看到康复者与他们一样是有工作能力的,不是在"等、靠、要"的状态

① Ying, Cao and Nabil Kamel, The role of gender and age in fracture distribution following the 2008 Wenchuan earthquake, *Natural Hazards* 59 (2011): 1357-1375.

② Nobhojit Roy a, Hemant Shah b, Vikas Patel c, and Hemant Bagalkote d, Surgical and psychological outcomes in the rural injured and follow up study of the 2001 earthquake victims, *International Journal of the Care of the Injured* 36 (2005): 927-934.

中，这是消除社区对他们的歧视最有效的办法。

8 有效响应受灾的实际社会状况

汶川地震虽然带来破坏及伤亡，亦带来大量的资源。四川受灾地区多是农村或小市镇，基建比较落后，社会发展亦跟不上城市，更何况社会福利或医疗体制。但地震带来大量资源，不但有硬件的基建项目，而且有软件的医疗康复、社会工作等。但这些资源的提供是暂时的，当它们撤走后，社工站亦没有资源运作，受灾重建的社区与以往的社区没有区别，社会福利、医疗支持都很少。灾害康复社会工作要深切考虑受灾的现实社会状况，否则就只会是昙花一现，康复者在初期受到大量的关注，接受大量服务，到后期却被忽略和遗忘，常常沮丧地面对未来。

在优势视角及社会视角下看重他们自身拥有的资源及能力，形成他们的资本，让他们能倡导自己的权利。因此，自助互助这一理念及手法很重要。在四个实务例子中，都能看到自助互助小组的建立，这证明恢复他们自身的能力是关键，团结便是力量，彼此同在一条船上，[1] 珍惜一起经历的灾难及走过的康复道路，那种坚毅不屈、彼此支持的精神让他们可持续地面对未来。

此外，群体的网络亦很重要，不只是康复者本身的网络，还有社区中其他的系统及机构。[2] Golam M. Mathbor 曾说及社会资本是社会网络、社会凝聚力、社交互动及团结性，灾害社会工作者需协助康复者建立社区网络，从而增强他们的应对能力，在未来资源缺乏或再度受灾的情况下，他们都有能力面对。

---

① Kaz de Jong, Sue Prosser, and Nathan Ford, Addressing psychosocial needs in the aftermath of the Tsunami, *Health in Action*, June 2005, volume 2, Issue 6, e179.

② Golam M. Mathbor, Enhancement of community preparedness for natural disasters, *International Social Work*, May 2007, 50 (3): 357 - 369.

9 灾害康复社会工作的特点

9.1 时间性

在社会福利发达的城市或国家,康复社会工作多是在常规计划中的,因他们面对的大部分人是先天性残障,亦有部分人是意外受伤或精神受创的,但整体是可预测的,而且分布在不同年龄阶段。人口学计算出可预测的发生率,社会福利的配套及社工人手都较合适,服务计划及推行是有持续性的。但在灾害发生时,时间上是突发及爆炸性的,在短时间内涌现大批有需要的伤员,引致康复社会工作要考虑在救灾及重建的阶段,发挥不同的作用。本书发现康复社工集中在重建的阶段,在救灾过程中,社工也提供心理和情绪支持,并进行资源链接。但当伤员做完手及开始康复时,康复社会工作者的角色便进一步凸显。

9.2 规模性

同样,在灾害发生时,如汶川地震规模相当大,涉及伤亡人数很多,伤员亦分布在不同地区。一般康复社会工作已有地域分区资源的网络,亦有人手去协助各地区有需要人士。可惜灾害现场多是社会弱势地区如农村、贫穷地方,伤员人数不明,相当分散,使得灾害社工需很快地做出积极响应,不论是机构为本的模式还是其他模式都需要同时启动。机构为本模式的优点是提供全面及方便的康复服务给受伤人士,但地点有限制,只能在较大的城市、条件及配套较足够的地方。因为四川地震后受伤人士分布很散,必须实时启动社区为本的康复模式,培训受伤人士的家人及社区人士协助他们康复。四川地震的特点是下午学生上课时发生,学校建筑简陋,引致伤员多是学生,因此以学校为本的模式亦产生出来。

9.3 处境性

在灾难发生时，需考虑很多政治性及社会性的因素。汶川地震后，大量资源进入灾区，很多都是由政府去统筹及分配。因此，康复社工需对当时处境保持敏感，与地方政府系统建立良好互信的关系，协助地方政府及现存受灾地区的系统去提供适当的协助，如德阳市残联与香港红十字会合作建立康复及假肢中心；香港复康会与华西医学院合作，进到不同社区与当地医疗卫生所及医院合作推行社区康复；汉旺学校社工站是在绵竹市教育局及汉旺学校校长的准许下建立的，这些机构进到体制内与他们合作，在中国的国情下这是很重要的。此外，对受灾后的社会环境要有敏感度。因受灾人士的情绪复杂（包括震惊、愤怒、极度哀伤等），常与政府处于对抗及紧张的关系中，作为社工，需明白双方的立场，适当地予以支持及协调，理性地处理双方的关系。

在灾区亦有不同的社会或因受灾害而产生不同于以往的文化，汶川地震区域有不同的少数民族如羌族、藏族等，在提供支持及协助时，需注意当地文化背景，注意当地如何看灾难及痛苦的意义。当然，四川省亦有这省份的文化，那就是乐天知命，及时行乐，因此他们的灾后恢复能力惊人，能很快调适及应对，对于得失看如浮云，以至于他们面对唐山大地震后中国最大的地震灾难，都能很快重建及恢复。再有，灾害后产生了一种特别的感恩文化，四川受灾的人士对支持及协助他们的专业人士都很感恩，在此文化下他们忽略了自身的能力，亦将自己置于较弱的权力之下，面对社工，都认为他们是专业的及帮助自己的，这样影响了他们自身能力的发挥。在灾区工作的康复社工需很关注这一方面，否则便不能达致增权，反而会弱化他们。

9.4　资源及人手

当灾区接受大量外界资源时，发现大部分是硬件的建设，但当硬件建设完成后，却发现很少有人懂得如何使用硬件，特别是康复器材等。往往好的器材及设施是空置的，而懂得使用的专业人才却是极为缺乏。因此将更多资源放在软件方面，如培训、医疗康复、社会工作及心理辅导等专业都很重要，这样才能带来长远及持续的效果。

灾区有很多外来志愿工作者到来协助，这是很好的现象。实时训练志愿者到帐篷及临时收容的地方，学习心理辅导和初级医疗知识很重要。可惜四川大量义工在进入时缺乏协调及管理，引致很多非专业的团体，向受灾伤员提供非专业的医疗康复服务。他们往往使用非专业的人为康复学生做康复，引致有些伤员康复效果倒退，专业的医疗人员及社工反而要教育伤员保护自己。很多非专业团体为了自己的利益，不是帮忙，而是利用康复学生作为宣传的工具：在"帮倒忙"的同时更加标签康复者。

9.5　灾难周期性

在灾后紧急救援阶段，伤员得到政府无条件的支持及协助——无论是医疗、康复还是生活。但过了这一时期，在重建阶段，康复者要面对较长时间的身体康复、生活适应、重返社区、重建家园及生计、重建社会人际网络，这些都是灾难发生后不同阶段发展的需要。特别是在重建的后期，救灾重建资源撤出，上文提及在地区经济未能恢复时，康复者将更被弱化，身体的残障也会引致贫穷。因此，社工需按周期性产生的需要去给予适当的支持，如李楚翘博士一文提及重建后社区设施仍未能无障碍，生计及工作的支持对康复者而言都很重要，这些都是不同阶段的服务重点及方向。

总之，本文从不同视角去阐述灾害康复社会工作，接着是四个不同灾难康复社会工作的实务例子，下文将更深入地探讨及总结这三年多的重建工作。

参考文献

李楚翘：《从弱势群体之角度看社工协助川震致残人士康复的角色》，四川灾后重建与社会工作国际会议，2011。

沈文伟：《社会工作与灾害管理》，《公共管理高层》2011 年第 10 辑。

Brenda D. Phillips, Deborah S. K. Thomas, Alice Fothergill, and Lynn Blinn-Pike, *Social Vulnerability to Disasters*, CRC Press, 2010.

Golam M. Mathbor, Enhancement of community preparedness for natural disasters, *International Social Work*, May 2007, 50 (3): 357 – 369.

Juliet C. Rothman, *Social Work Practice Across Disability*, Allyn and Bacon Publisher, 2003.

Kaz de Jong, Sue Prosser, and Nathan Ford, Addressing psychosocial needs in the aftermath of the Tsunami, *Health in Action*, June 2005, volume 2, Issue 6, e179.

Laura M. Stough, Amy N. Sharp, Curt Decker, and Nachama Wilker, Disaster case management and individuals with disabilities – Hurricane Katrina 2005, *Rehabilitation Psychology 2010*, Vol. 55, No. 3, 211 – 220.

Mark Priestly and Laura Hemingway, Disability and disaster recovery: A tale of two cities, *Journal of Social Work in Disability and Rehabilitation*, 2006, Vol. 5 (3 – 4), pp. 23 – 42.

Michael Dunford, Earthquake reconstruction in Wenchuan: Assessing the state overall plan and addressing the forgotten phase, *Applied Geography Journal*, 31 (2011): 998 – 1009.

Nobhojit Roy a, Hemant Shah b, Vikas Patel c, and Hemant Bagalkote d, Surgical and psychological outcomes in the rural injured and follow up study of the

2001 earthquake victims, *International Journal of the Care of the Injured* 36 (2005): 927 – 934.

Oliver Michael, *Social Work with Disabled People*, Basingstoke Macmillan, 1983.

Townsend Peter, *The Social Minority*, London Penguin Books, 1973.

Ying Cao and Nabil Kamel, The role of gender and age in fracture distribution following the 2008 Wenchuan earthquake, *Natural Hazards* 59 (2011): 1357 – 1375.

第三章　以机构为本的康复社会工作

齐华栋 *

德阳市残联－香港红十字会康复及假肢中心

社会康复服务部社工团队 **

1　机构服务的背景

1.1　香港红十字会

香港红十字会成立于 1950 年，是世界最大的人道网络之成员。服务涵盖输血服务、赈灾备灾、急救及健康护理训练、青年及义工事务、寻人、特殊教育及复康服务等范畴。

香港红十字会的理想是力求世上人人都能尊重及保护他人的生命和尊严，并能自愿地以一视同仁的态度施以援手，改善弱势社群的境况。

---

* 齐华栋，山西阳泉人，四川农业大学文法学院社会工作系副主任、讲师。武汉大学社会工作学士，香港理工大学社会工作硕士（中国）。现为香港理工大学"四川 5·12 灾后重建学校社会工作项目"映秀小学社工站督导。主要研究方向为：学校社会工作、康复社会工作、社会工作督导等。

** 张波，社工，西南石油大学社会工作本科毕业，从事社会工作超过 2 年；李春燕，中级社工师，济南大学社会工作本科毕业，从事社会工作超过 5 年，兼读香港理工大学社会工作硕士（中国）课程；夏中梅，中级社工师，济南大学社会工作本科毕业，从事社会工作超过 3 年；袁菊芳，中级社工师，四川乐山师范学院社会工作本科毕业，从事社会工作超过 3 年；黄坚仪，香港注册社工，获得香港理工大学社会工作文凭及社会工作学士（荣誉）学位，在香港从事社会工作超过 20 年，在四川工作也接近 4 年。

作为国际红十字运动的一分子，香港红十字会的使命是积极推动社群，本着人道理念与志愿服务精神，竭力去保护生命、关怀伤困、维护尊严。

该会本着国际红十字与红新月运动①的七大基本原则，即人道②、公正、中立、独立、志愿服务、统一、普遍，重视每一个人，不分服务受惠者或提供者，提供优质服务，并向所有相关人士负责。

1.2　德阳市残联－香港红十字会康复及假肢中心

1. 背景

2008 年 5 月 12 日 14 时 28 分，四川省汶川县发生里氏 8.0 级特大地震。据 2009 年 5 月 7 日四川省政府通报汶川特大地震灾后重建情况，这次地震川内共有 68712 名同胞遇难，17921 名同胞失踪，累计救治伤病员 445 万人次，累计住院 143367 人，其中伤员 91177 人，初步统计因灾致残 7000 余人③。

地震发生后，香港市民、大小企业和机构响应香港红十字会的呼吁，积极参与募捐，以支援四川地震灾民。至 2009 年 3 月底，该会已收集接近 13 亿元港币善款及多种赈灾物资，更有不少专业人员自发参与各项志愿工作，支持受灾民众。靠着这些有力的支持，香港红十字会得以迅速开展赈灾工作，并于 2008 年 6 月，得到四川省红十字会的支持，在四川省成都市正式设立联络办事处，派工作人员管理及监督受地震影响地区的救灾、重建及备灾工作。

---

① 国际红十字与红新月运动是一种国际性的人道主义运动，其宗旨是保护人的生命与健康，保障人类尊严，促进人与人之间的相互了解、友谊与合作，促进世界持久和平。

② 红十字人道主义是红十字会个性特征的集中体现，是红十字运动的核心理论和价值追求，同时也是红十字运动研究涉及的首要理论问题。

③ 一说为 5 万余名。

2. 创立

地震发生后，很多伤员为了保全生命，不得不接受截肢手术。他们失去亲人、家园，需要面对残缺的身体，以及他人的目光、未来的生活，等等，承受着很大的身体和心理创伤。虽然有相关志愿者队伍和机构进入震区，也有部分伤员被转运到外省治疗，但尚没有机构能够为地震伤员提供多专业联合的康复服务，满足其在康复过程中不同的服务需要。

为了回应这一需要，香港红十字会在细致考察、详细洽谈后，最终选了在德阳这个地震伤亡较重，距离绵竹、什邡等极重受灾县较近，救援便利，而且城市建设受灾害影响较小的城市，利用德阳残联较好的基础设施（一栋空置的大楼），积极策划在灾区建立一个服务较为完备的康复及假肢中心，并引入一站式多元化康复服务模式，为受灾伤致残人士提供比较整全的一系列专业康复服务。

2008 年 7 月 6 日，香港红十字会与德阳市残联、德阳市红十字会签订三方合作协议，运用香港红十字会来自香港的捐款，成立了"德阳市残联－香港红十字会康复及假肢中心"（以下简称"德阳中心"），是专为在四川"5·12"特大地震中受伤致残人士提供全面康复服务的机构。一方面在当日即开始提供服务；另一方面改装旧有残联综合服务中心，使之成为一个于社区中专为肢体受伤人士提供服务的综合康复及假肢中心。中心配备的医生和主要康复师来自香港及内地康复先进地区，拥有卓越的技术和丰富的从业经验，中心还购置了全新、先进的治疗器械，希望能为康复人士①营造一个安全、方便、舒适的康复环境，为于地震中受伤灾民提供五年免费医疗、假肢及康复服务。这也是国内第一家专为"5·12"特大地震灾区提供免费假肢安装和康复服务的机构。

---

① 德阳中心对服务对象的称呼。

3. 服务对象

德阳中心主要为四川省的地震受伤致残人士提供康复服务，也为康复人士的家属及其他义工提供相关服务。

4. 服务内容

德阳中心的服务，本着"全人康复"的核心概念，通过假肢矫形、物理治疗、作业治疗、医护、社工、心理等多个部门的通力合作，为在中心的康复人士提供生理、心理、社会方面的服务与支持。如引入骨科治疗、假肢矫形、物理治疗服务以照顾康复人士身体上的创伤；引入心理服务以照顾康复人士受创的心灵；引入作业治疗和社工服务以协助康复人士回归社区。

5. 发展阶段

德阳中心在成立初期，须提供前期的紧急医疗救助、康复服务、心理援助等，也要面对康复人士的社会融入和中心五年后的可持续运营问题。因此，德阳中心制定了分阶段的服务发展规划，并按照该规划发展。（见表3-1）

表3-1　德阳中心的服务发展规划

阶段	时间	目标	具体目标	内容
第一阶段	2008～2009年	提供紧急灾后医疗及复康服务	硬件建立	临时改装中心、配置基本器材
			服务提供	以香港志愿者为骨干转为以全职聘请员工为骨干
			建立专业基本运作	2008年7月建立基本骨科医疗、假肢、物理治疗、作业治疗、心理服务等部门，2009年6月引入社会康复（社工）服务
			外展服务	接触伤员，提供实时诊断和评估，外展至学校、医院及社区处理伤员
第二阶段	2010～2011年	发展一站式服务运作模式	硬件建立	切合服务需要，装修中心
			服务提供	以香港及省外聘用员工为主、辅以本地聘用员工
			完善服务	完善服务分工、流程、规范
			外展服务	后续跟进、家访、家居改造、社区互助网络

续表

阶段	时间	目标	具体目标	内容
第三阶段	2011~2012年	培养本地骨干人才	服务提供	以本土聘用员工为服务提供骨干、外来员工转以培训为主
			培养接班	提供系统培训、培养本地人员及机构接班
			延伸服务	将一站式康复服务延伸至重点伙伴机构，包括汶川县人民医院
第四阶段	2013年	本土化及长远服务延续	服务提供	德阳中心移交至德阳市残联管理和营运
			延续	与成都市第二人民医院合作，延续一站式跨专业康复服务

德阳中心从成立伊始，就有着全局性、长远性的考虑，四年多来，前期的工作目标（如硬件的建设、服务的开展、人员的培训等）均已基本达成。一站式、多元化，从中心到社区的全人康复模式得到确立，本地骨干人才已经逐步接过了中心服务和发展的重任。

2 重要的理念及概念

人的价值是第一位的。德阳中心以人道主义为自己的价值取向，从康复人士的需要出发，关注人的系统和生态环境，以全人康复和社会融合为理念，通过跨专业合作，实现康复人士生理、心理、社会和文化等多层面的康复。

2.1 人道主义（Humanity）

所谓"人道主义"，简而言之是关于人的本质、地位、价值、使命及其发展的学说。人道主义的核心原则是：人人平等，尊重个人。"人道主义比较完整地表达了人的各个层次的需要，概括反映了人们共同追求的基本价值。这表现在它既肯定感性的人，又肯定理性的人；既正视人的肉体，又注重人的精神；它肯定人追求幸福的合理性，主张发展人的个性和能力，提高人的价值和尊严"①，相信人的潜能。

这里的人道主义有别于西方哲学上对人道主义的讨论，也与社会主义人道主义的理念相区别。对红十字会来说，更注重将人道主义通过实务中的理念和操作中的模式体现出来。

2.2　系统理论

系统理论分为一般系统理论和生态系统理论。

系统理论的主要概念有："系统是个有界限的实体，界限中生理和心理能量的交互作用更甚于越界的交流；封闭系统是指系统没有越界的互动交流，就如在一个真空的烧瓶中一般；开放的系统是指能量能越界地互动，是可渗透性的。就如在热水杯中的茶包，能使得热水进入而茶渗出但留下茶叶在袋内。"②

系统运作及改变的方式可以通过以下概念加以了解：③

输入（input）：能量透过界限送进系统的过程；

作用（throughput）：系统内的能量如何被应用；

输出（output）：能量的效应透过系统的界限释出；

回馈环（feedback loops）：输出影响环境，并引起资讯与能量传输至系统；

混乱（entropy）：系统有使用自我能量运作的趋势，也就是说如果不从界限外得到输入，则系统将逐渐趋于"混乱"而

---

① 肖学慧：《作为伦理文化价值核心的人道主义》，《西南民族学院学报（哲学社会科学版）》，2003 年总第 24 卷第 5 期。
② Malcolm Payne：《现代社会工作理论》（第三版），冯亚丽、叶鹏飞译，中国人民大学出版社，2005。
③ G. L. Greif, and A. A. Lynch, The Eco-Systems Perspective, in Meyer, C. H. (Ed.), *Clinical Social Work in the Eco-Systems Perspective*, New York: Columbia University Press, 1983.

死亡。

Pincus 和 Minahan 指出有三种帮助系统：非正式或原生系统（informal or natural systems）（如家庭、朋友、邮差、同事）、正式系统（如社区群体、商会）和社会系统（如医院、学校）。①但康复人士在面临问题时不见得有能力使用这些帮助系统，因为这些系统可能在他们的生活中并不存在，或没有他们所需要的资源，也可能对他们的问题并不适用；康复人士可能并不知道或没有意愿去使用它们；系统中的政策可能会给使用者制造新的问题；系统间可能存在着冲突。

因此，社会工作的任务是："协助康复人士使用资源系统或增进其解决问题的能力；建立康复人士和资源系统之间的联结；协助或修正康复人士和资源系统间的互动；增进康复人士在资源系统中的互动；协助康复人士发展和改变社会政策；给予康复人士实质的协助；作为社会控制的媒介。"②

2.3　社会融合

"社会融合"（Social Integration）是帮助那些受到排斥、处于弱势的个人或群体，使他们能够拥有一种完全参与到所生活社会中的地位。

"康复人士的社会融合，既可以指康复人士不断融入社会的过程，也可以指康复人士本身就在社会环境之中，与生活在一起的人们相互接纳、融为一体的状态。它有三个层面的意义：一是社会的融合，是指康复人士以一般社会成员的身份参与到政治、经济、社会和文化生活中，参加到普通的社会组织、机构和活动

---

①　A. Pincus and A. Minahan, *Social Work Practice*: *Model and Method*, Itasca, IL: Peacock, 1973.

②　Malcolm Stuart Payne, *Modern Social Work Theory*: *A Critical Introduction*, Basingstoke: Macmillian, 1991.

中，融入主流社会的人际关系和社会交往中。二是文化的融合，也就是思想认识和价值观念的融合。社会如果保持一种正面的价值认知，就会将残疾现象以及康复人士的参与和创造，视为对人的多样性、文化的多元性和社会的丰富性做出的独特贡献。正是由于康复人士的存在，让人们对生命更加尊重，对精神更加敬畏，对自己和他人更加珍惜，因此形成一种凝聚人心、团结社会的新的文化力量。三是心理的融合，也就是康复人士与社会之间相互认同和接纳的心理建构过程。康复人士的心理越健康，越能够产生对自我和社会的正面评价，与身边的人和环境的关系就越融洽，因此越能得到社会接纳。社会用平等的眼光看待残疾人，残疾人也用平和的态度面对社会，相互认同和接纳，逐步达到感情上的融洽、心灵上的融合。"①

康复人士的社会融合活动主要包括社区发展规划、社会事务参与、接受正规教育和非正规就业、收入增加活动、职业教育、意识提高、基础设施建设和无障碍环境、辅助运功、合作医疗、法律援助、沟通交流、发展康复人士组织、招募社区志愿者等领域。实现康复人士的社会融合，不仅仅要改善康复人士在医疗健康、教育和就业等各个方面所应当享受的服务，同时还要帮助康复人士生活得更加体面和有质量，更重要的是促进康复人士的社会化参与并赋权于康复人士自己去改变他们所面临的困境。因此，康复人士的社会融合，有一个从初步融合向完全融合发展的过程，不仅范围会逐步扩大，而且程度也会逐步加深。其过程不仅仅是简单的康复人士向主流社会的单向运动，同时还应当是康复人士和健全人士的交流和互动。其结果不仅仅惠及康复人士及其家庭，同时还惠及所有社会成员。②

① 吴文彦、厉才茂：《社会融合：残疾人实现平等权利和共同发展的唯一途径》，《残疾人研究》2012年第3期。
② 刘林、李凡：《残疾人及其社区的社会融合指南》，华夏出版社，2010。

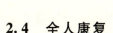

2.4 全人康复

全人康复，是当前较为倡导的一种康复理念。在人道主义的理念下，人生而有其价值和权利。这里的"人"更强调是一个有价值、有着多元需要和强大潜能的人。"全人康复"理念要求以人的多元需要为前提，所有服务的设计及推行，应当以服务对象的利益和发展为依托和最终目的。透过综合评估服务对象的需要和聆听他们的想法，配合他们的需要提供适切的服务，协助他们发挥潜能、发展兴趣，提高生活和生命的质素，最终实现身体、心灵、社会行为的全人康复。

实际上，服务对象的生理、心理及社交上的需要是互相关联的。服务对象在家庭中成长，在社会中生活，意味着个人、家庭和社会三个范畴互相影响。采用综合评估，把很多种互为影响的层次都纳入康复策略的考虑中，在"时空"及"环境"的限制内，将服务对象的需要立体化。由假肢矫形师、物理治疗师、作业治疗师、医生、护士、社工、心理咨询师等组建一个综合康复治疗团队，综合运用多种康复治疗和护理方法，为服务对象提供全方位、个人化的康复方案。

2.5 跨专业合作

跨专业合作实际上要求建立一个"多元综合团队"，这也是综合评估和服务整合的基础。跨专业合作需要尊重每一个专业及职业的特长和优势，以及相互配合。团队工作方法是期望融合各专业的意见，透过多角度的分析和深入讨论，定出一个综合的评估及治疗方案，为康复人士提供全面的康复服务。对于康复工作来说，团队的成员可以包括社会工作者、假肢矫形师、物理治疗师、作业治疗师、临床心理学家、心理咨询师、医生、护士、康复人士及其家人或照顾者，以及其他辅助人员。

　　跨专业合作的目标是提供以人为本的服务，回应服务使用者全人发展的需要。同时，提供适切服务，包括辅导服务、独立生活训练、闲暇生活的设计等，以提升他们的潜能，并发展他们的个人兴趣。另外，也要开展社区教育，鼓励社区居民接纳康复人士，并协助他们积极融入社区。

　　跨专业合作的形式表现为如下三种：一是多种专业（multi-disciplinary）合作：针对同一社群开展服务，会偏重各专业的独立性，透过不同的渠道去沟通、交流信息，但是不能无缝地为康复人士提供康复服务（见图 3 - 1）。二是跨专业（interdisciplinary）合作：针对同一对象开展服务，由某方专业人士作为主导，通过个案会议、研讨、个案管理等方法在一定程度上为康复人士提供综合化的康复服务（见图 3 - 2）。三是贯通专业（transdisciplinary）合作，达致"你中有我，我中有你"的理想状态（见图 3 - 3）：针对同一对象开展服务，在紧密合作的基础上，提出的服务策略融合了各专业的理念和参与。

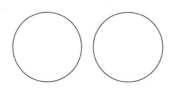

图 3 - 1　多种专业合作

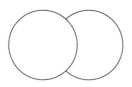

图 3 - 2　跨专业合作

图 3 - 3　贯通专业合作

　　综上，康复服务有着明确的价值取向——人道主义。在"人"这个根本及核心的前提下，要关注康复人士的多元化、多层次需要，以及其所处的系统和生态环境。只要有利于"全人康复"，就可以对各种流派和理论做到兼容并蓄。

3 介入模式

世界卫生组织（WHO）医疗康复专家委员会指出：康复是指应用各种有用的措施以减轻残障的影响并使残障者重返社会。康复服务的目标是：通过对康复人士的治疗和训练，增强其应对日常生活和困难的能力，最大限度地发展其潜力，以便能在生理、心理、社会和职业上正常地生活，进而实现社会融合，共享社会进步和发展的成果。

"机构为本"的康复服务，指的是在特定的服务地点或机构为康复人士开展康复服务，其主要形式是康复人士来到中心或机构接受服务。德阳中心的康复服务模式是灾区的康复人士到中心住院或日间门诊来接受服务。但德阳中心的机构为本的康复服务又不同于其他内地的医院、康复中心等机构，而是在全人康复的理念指引下，为了响应康复人士在身、心方面得到初步康复，回到社区后的生活自理、环境适应、生计独立等问题，因应灾区康复人士在农村散居、零散分布的特征，将康复服务"延伸"至社区，以促进康复人士的个人发展和社会融合。尤其是康复人士在社区往往面临更多复杂的问题，如果康复服务不能跟上，就不能真正实现"全人康复"。

3.1 机构为本："全人模式的一站式康复服务"

人性化、专业化、规范化的服务，是优质康复服务的关键。全人模式的一站式康复服务，是从康复人士的需要出发，在机构中发展多元化的康复服务内容，以求为其提供系统的、多元化的服务。

1. 理念

康复人士全面、系统的恢复，需要多专业的介入和共同合作。基于此，德阳中心在"一站式康复服务"的模式下，链接不同的专业服务，使之成为一个有机整体，来满足康复人士的残肢康复、假肢适应、心理康复、生活技能训练、社会生活适应等多层次的需要。

2. 多元化的服务内容

德阳中心的核心服务包括六大专业、八项服务（见图3－4），每个团队均从康复人士的需要出发，有明确的服务内容和规范化的操作流程。

图3－4　德阳中心康复服务的组成

为让中心各项服务能有效地互相配合提供予康复人士，中心主任除统筹制定中心决策外，亦主管中心运作和发展，领导行政部同工，有系统地使财务管理、人事管理、大楼管理、接待服务、信息科技、外事安排等部门配合各专业部门提供服务。各专业团队的核心业务分工可以概述如下。

（1）骨科医疗服务

按照马斯洛的需要层次理论，应当先满足低层次及最基本的需要，再满足高层次的需要。对于经历地震、刚刚截肢的康复人士来说，身体的恢复应当是第一位的。骨科医疗服务在一站式的治疗和康复中担当着领导角色。德阳中心与本地伙伴医院合作，安排香港的医疗团队（包括骨科医生、麻醉科医生、手术室护士等）定期在本地医院进行骨科手术，在德阳中心进行会诊，并为合作机构的医护人员提供在职培训。此外，中心的护士也对康复人士进行术前和术后的护理与跟进，对在中心暂住的康复人士进行健康教育、防感染控制及医疗评估等。

（2）假肢矫形服务

对于截肢的康复人士来说，完成手术治疗及感染控制后，为截肢及骨伤人士设计及制作适合的假肢及矫形器，改善他们的功能障碍，尤为重要。因此，中心不仅开展了假肢矫形服务，而且为康复人士提供相关的康复训练，透过定期约见，经常监测康复人士使用假肢及矫形器的情况，调整装配并提供维修保养和更换服务。

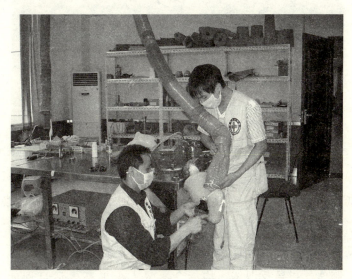

假肢矫形服务——假肢制作

（3）物理治疗服务

康复人士在截肢后，也面临身体的恢复。因此，物理治疗服务团队会处理及治疗因受伤和手术后带来的功能障碍，透过非药物的物理疗法和运动疗法，并制定康复人士返家后的家庭训练计划，促进康复人士的身体功能得到最大限度的恢复，帮助他们恢复自我照顾能力，提高生活质量。透过随访和定期约见，跟进康复情况。

物理治疗服务——提供"手法治疗"予康复人士

（4）作业治疗服务

透过家居生活技能评估及训练（如进食、穿衣、上厕所、洗澡、做家务等）协助康复人士恢复家居自理能力，透过社区生活技能评估及训练（如购物，交通工具、公共设施及资源的使用）帮助康复人士适应社区生活，让他们可以积极参与社区活动。另外，环境设计及家居改造，康复辅助器具的选用、设计、制作、指导及训练，均能令康复人士提高生活自理能力；其中，因应康复人士的个人情况而进行的家居改造，便是更能切合康复人士的需要及方便其日常生活的一项非常重要的工作。此外，作业治疗服务团队还向照顾康复人士的家人和陪伴者提供相关知识和技巧训练、协助康复人士回归工作岗位的身体功能评估及训练等。

（5）心理服务

康复人士的心理健康是指康复人士在内外环境允许的条件下，能保持心理活动正常、关系协调、内容与现实一致、人格处在相对稳定的状态，包括：勇于正视残疾现实、能接纳自己、保持积极乐观的情绪状态、有自强自立的信心、具有良好和谐的人际关系、能制定可行性目标、能主动参与社会生活等七项内容。

对于康复人士来说，他们面对的最大问题或许就是由于突然变故和生理残疾而带来的心理困扰，使他们难以恢复正常生活。过去，我们关心康复人士往往是从物质上关心，而忽视了他们的内心感受，缺少情感的交流和心理治疗与康复，导致一些心理问题不能及时得到疏导，而出现各种各样的心理问题，影响康复人士自身康复的进展、与家人的关系、正常社交，乃至社会的和谐。

中心的心理服务由香港临床心理学家或内地心理咨询师提供，透过心理评估和治疗向康复人士及其家人和陪伴者提供心理服务，使康复人士的心理功能得以恢复，协助康复人士降低创伤带来的影响，提高其适应能力，从而使其继续融入正常生活。

（6）社会康复服务

透过资源链接，协助面临生活适应困难的康复人士解决基本生活问题，如就业、经济、家庭、医疗及康复等问题，社会工作者透过个案和小组工作，使康复人士重建对自我能力的信心，在社区中协助康复人士建立互助网络，动员义工为康复人士提供家居环境改造服务并予以关怀慰问，协助康复人士满足就业及生计的需要，并担任个案协调员的角色，为有需要服务的康复人士协调中心不同专业服务团队进行跟进。

（7）暂宿服务

为来自偏远地区或需在中心连续进行康复治疗的康复人士及其家属提供暂宿服务。中心设有 29 个康复人士宿位及 21 个陪伴宿位，让康复人士能安心应诊及更方便地在中心接受康复治疗。

3.2 从中心到社区："参与式的社会康复"

1. 理念

一般"机构为本"的康复服务是指康复人士到中心接受服务，回到自己的家庭及社区，便由其他社区为本的机构提供所需服务。然而在灾后的四川，康复人士居住地点很分散，当地亦没有足够的社区资源帮助他们，因此德阳中心便延伸其康复服务至社区。

"社会康复"是"以社会的角度，采取各种有效措施为康复人士创造一种适合其生存、创造、发展，实现自身价值的环境，并使康复人士享受与健全人同等的权利，达到全面参与社会生活的目的"。① 在治疗、康复活动中，社会工作者与医务工作者以及其他专业人员相互配合，形成集体的力量和协作的工作方式。

康复人士最终还是要回到社区，面对生计及生活问题。地震康复人士有着相近的体验和感受。发展康复人士的社会支持系统，强化他们的互助网络，在社区中形成康复人士的互助组织，增进彼此的交流和联系，让情感支持和生计发展相辅相成，发掘内部潜力，引入外部资源，使得康复人士在社区中实现良好的融

---

① 马洪路：《残障社会工作》，高等教育出版社，2007。

入。依托全人康复的理念，将社会康复延伸至社区，开展互助小组或小型生计项目等服务。

刘林、李凡认为，① 参与式方法在康复人士中的运用，主要是一种在所有参与者之间分享学习的途径，它的主要含义是以康复人士作为目标群体和受益对象，将资源和决策的使用权与控制权完全交给康复人士，增强他们的规划能力和自我发展能力，由康复人士决定实施什么项目、由谁来实施，并由康复人士掌握、控制项目资金的使用，实现康复人士的自我组织、自主管理、自我监督和自我服务，进而达至康复人士的社会融合。德阳中心尝试朝着这一目标推进康复服务，但在每一阶段，康复人士的能力、意愿、家庭、环境等因素都会影响他们参与的程度。

2. **目标**

（1）社工与康复人士建立"伙伴关系"，强化康复人士的支持网络，发展合作组织。

（2）加强康复人士的意识培养和能力建设，促进康复人士的社会适应和社会融入。

3. **特点**

（1）强调康复人士自我意识和能力的提升，重视康复人士参与小组或项目的过程，而不只是看重结果。康复人士是社区的真正主人，对本地区的文化、习惯和信仰最为熟悉。尊重乡土知识，尊重康复人士的意愿和技能，只要相关的培训和引导工作得当，就能重塑康复人士个人形象，增强康复人士的主人翁意识和责任感。

（2）鼓励康复人士进行自我服务、自我管理和自我教育。在融入模式的持续性社区服务中，给予康复人士很大的空间和自由度，包括项目资金的使用、规范和制度的制定以及康复人士小组

---

① 刘林、李凡：《残疾人及其社区的社会融合指南》，华夏出版社，2010。

的建设等方面，使康复人士的能力得到提升。

（3）强调康复的焦点是人的发展。人不是一个被动和消极的客体，而是主体。因此，人的康复和发展在其中居于重要地位，加强康复人士之间的互动和合作，挖掘各自的资源，发挥各自的优势，形成具有认同感和凝聚力的支持网络，这样才能形成可持续发展的动力。

3.3　义工发展

义工是指利用自己的时间、技能、资源和善心为邻居、社区、社会提供非营利、无偿、非职业化援助的行为。义工服务具有志愿性、无偿性、公益性和组织性四大特征。由于我国的义工发展尚不完善和规范，尤其是在应对如此大规模和持久性的需要时，需要建立一支有着良好的工作热情、较为持续性的规范化运作的义工队伍，使其在康复人士的社会融入方面发挥积极作用。

国际红十字与红新月运动的基本原则之一是倡导志愿服务，因此在德阳中心不同专业的部门都有推动义工参与其中。在此，本文特别就社会工作方面，详述义工发展的理念、目标和机制。

1. 理念

在社会康复过程中，不仅需要充分动员家庭、亲友、同事等社会支持网络，而且也要透过义工的参与来推动康复人士日常生活自理能力的恢复，增强其回归社会的信心和能力。大学生有着强烈的社会责任感和良好的个人素质，通过培养大学生义工队伍，不仅有利于康复人士的个人发展和社会适应，而且有利于大学生个人的成长和义工精神的培养。

2. 目标

通过义工陪伴者和支持者，支持康复人士实现更好的社会适应。协助义工了解服务的意义，成为一个真正推动人道服务的志愿工作者；在服务过程中，给义工提供适当的照顾及发展空间；鼓励义工按社会需要提供创新服务，以填补服务空隙；接纳困弱人士参与志愿服务，达致助人助己。

3. **机制**

中心肯定义工是中心服务的重要支持者，由社会康复部的社工负责内地义工发展及服务推动，探索规范化的运行模式，以促进长效机制的建立。

（1）选拔机制

通过与高校青年志愿者协会建立单位之间的联系，借助协会本身的章程制度和管理体系，是义工队伍能够可持续发展的组织保证。对义工个体的选择则需要考核其价值观、热情、动机、时间等多种因素。

（2）发展机制

培训：义工对于灾难和康复等知识可能不甚了解，也需要了解机构的服务宗旨和服务模式，故必须提供相关培训，让义工了解这些知识，以便更有效地提供服务。

督导：仅仅通过培训，只是一种单向的信息流动，机构往往需要通过社会工作者等专业人士对义工开展个体督导和团体督导，不仅仅在服务的内容、策略上给予技术指导，同时也需要对义工本身的情绪及服务感受予以支持，以免其服务热情衰减。

检讨：义工的工作也需要得到评价和建议，合理的评估、真诚的建议和支持是义工管理的重要环节，也是义工个人发展的基础，并有助于培育义工对服务的热情，建立稳定及具质素的义工团队。在此过程中，应当加强沟通和反馈，使义工及时了解自己的状态和绩效。

（3）激励机制

从义工的角度看，物质激励不是其追求的重点，相反，精神满足与自我价值的实现才是关键。因此，及时鼓励、表扬、颁发荣誉证书，举办义工交流会，开展团队建设，等等，都是行之有效的激励手段。

综上所述，在机构为本的服务中，灾害康复社会工作的目标在于通过与其他专业协作，将康复人士的功能丧失降到最低程度，防止康复人士可能增加的损伤，最大限度地改善康复人士的健康状况，提高其自我照顾的能力。

社会康复服务：义工服务——义工家居探访康复人士

4　操作步骤及实务示范

德阳中心在机构内开展多专业的合作来提供康复服务，而社会康复部社工则通过个案服务、互助小组、生计项目等来实现康复人士的"全人康复"。此外，中心还非常注重义工队伍对康复人士回归社区的促进作用。

4.1　跨专业的合作机制

不同的专业集中在同一地点服务，可能出现各自为政和互不相干地运作的情况，不同专业不同的工作方式也可能引发专业间的矛盾，人性的差异更可能导致互相比较和竞争。为了让不同的专业服务能联成一个有机整体去提供一站式多元专业服务，设计相应的服务及管理机制、制定相应的措施便不可或缺。德阳中心尝试通过服务目标和计划的配合与协调、机构内服务策略的联合以及从机构到社区的跟进服务三种机制及措施，来有效地推动不同专业有机地联合。

（1）专业之间的有机联合，其主要目的是为了能够实现不同专业依据机构的目标、功能、服务等的配合与协调。德阳中心通过联合工作计划会议、联合专业团队会议以及联合员工活动来实现服务目标和计划的配合与协调。除了各专业内部制订工作计划，中心亦定期举行联合工作计划会议，促进各专业讨论及交流意见，并共同制订中心联合工作计划。联合专业团队会议则提供

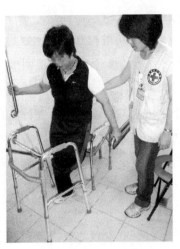

作业治疗服务——家居
日常生活训练

机会促进各专业了解其他专业的工作情况，并且商议解决共同面对的服务难题。通过对具体问题或服务策略的讨论，增进专业团队之间的沟通。联合员工活动包括联合培训、联谊等活动，巩固员工间的合作基础，并且强化同工在提供服务时的共同工作技巧及团队精神。

（2）机构内服务策略的联合强调在机构内发挥各专业的优势和特点，对康复人士实施有针对性的服务策略，主要通过联合会诊、联合个案会议来实现。联合会诊是指各专业部门一起透过新症评估或会诊，统一对康复人士的治疗方向。新症评估或会诊，

主要是医生来做，跟进和反馈，尤其是康复人士在手术之后的康复状况。联合个案会议则是为跟进康复人士的康复进度，定期举行。在德阳中心，每周一、三、五的早会中，各专业会报告个案、家访情况，主要功能是通过紧密的信息沟通，针对服务形成统一性的资料。一般每次 15 分钟，类似于医院住院部的"查房"。每周五还会有部门主题会议分享工作内容，增强不同专业之间的相互了解和配合。另外，特别个案有需要时，则会召开特别个案会议。

（3）从机构到社区的跟进服务：通过跨专业联合外展、家访服务，及设立个案协调员制度，协助康复人士更好地适应社会生活和融入社会。为协助康复人士顺利回归社区和家庭，恢复日常生活，相关专业人士会进行联合外展及家访，评估康复人士回到社区后的适应情况及后续需要。个案协调员会定时查访康复人士的最新情况，并在有需要服务时进行内部转介、协调和联系，确保所有个案的跟进没有遗漏。

特点：

（1）在制度之外，通过相互熏陶达致真正的跨专业。在跨专业合作的过程中，同工在各种正式和非正式的会议、讨论中建立的协作氛围和文化对于组建一个团队非常重要。

（2）在计划制订之时已经体现跨专业的理念，而不仅仅是在实施的过程中才体现。

4.2　个案服务

康复人士是独特的个体，由于他们的受灾情况、个人应对能力、所处的生活环境和支持体系不同，故也有着个别化的需要。

个案服务的对象主要为正在接受中心服务的康复人士（在地震中受伤以致肢体残疾的康复人士）及其家属。个案的主要来源是中心内部门及外间机构的转介、接受中心会诊服务或接受手术后的康复人士及直接向社会康复部寻求帮助的康复人士。因为康复人士对社工缺乏了解，社工也经常进行"主动评估"以了解康复人士的需要。

下文将分别讨论社工个案、医务个案和个案协调。

4.2.1　社工个案

针对康复人士的社会工作个案服务是指以康复人士及其家庭作为服务对象，以专业的价值观和理论为指导，通过一对一的方式，按照一定步骤或程序，回应康复人士的需要，缓解或解决问题，使其更好地适应社会生活。社工个案服务手法包括面谈、电话联络、家庭探访、个案会议、小组活动、与政府或非政府部门联络以及其他有助于推进个案进程的相关方法。

在提供初次服务需要评估后，如康复人士的需要不属本部门的服务范围或康复人士不愿接受本部门个案服务，均不会开启个案；但社工可按需要为康复人士提供其他相关服务的信息，在可能的情况下，得到康复人士的同意，还会按需要做适当或必需的服务转介。按照康复人士个案工作服务的一般程序，主要包括接案（intake）、资料收集、预估（assessment）、计划（planning）、介入（intervention）、结案（termination）等步骤。服务计划中体现"贯穿专业"的理念。

1. 接案

接案的主要工作内容是了解康复人士的主要需要及问题、困难所在，并通过筛选和过滤，以确定是否应当由机构提供服务，以及应当由机构的社工、骨科医生、康复治疗师还是心理咨询师等哪些专业人士来提供服务，提供服务时所要考虑的事项，等等。由于民众对社工尚缺乏认识，大多需要社工主动与康复人士沟通。

由于康复人士有多元化的需求，社工往往需要担当其他专业人员的协作者和辅助者的角色，通过会谈获得康复人士的主要问题、个人史、家庭背景及对于当前处境的看法等资料，与其他专业人士协调和配合，为康复人士提供人性化和个体性的服务。为了达致这个目标，康复社工在初步的接案工作结束前，应完成以下几项任务：

（1）了解康复人士的基本资料、康复进展及残疾状况、个人经历灾难和残疾的大致过程等背景资料；

（2）了解康复人士的性格、智力水平、心理承受能力及应对能力等，对于灾难和残疾的认知与态度；

（3）了解康复人士家庭、邻居、社区、医院、政府、其他社会服务组织等社会支持系统的关系；

（4）充分理解康复人士的需要，他们对于康复服务的期望和要求，社工有哪些方案、资源和服务适合协助；

（5）社会工作者的能力和技巧能否胜任，应当和哪些专业人士紧密配合，等等。

2. 资料收集

这个阶段的主要目标是从各方面了解康复人士及其问题，且利用这些资料寻找问题的解决方法与途径。这里主要有以下三种重要途径。

一是与康复人士会谈，这是社会工作者在服务个案过程中最重要的方法。不仅可以直接从康复人士那里获得个人史、家庭史、家庭成员的互动情况等相关资料，而且也是社工直接观察与了解康复人士态度的最好途径。

二是与康复人士的家人会谈。陪同康复人士到中心接受服务的家人，是社工最容易接触和建立专业关系的人，他们在某种程度上对康复人士的境遇较为了解，且是康复人士的重要支持者。另外，透过家庭访视，也可实地了解康复人士的生活环境、家庭状况、经济条件以及其重要的社会支持等。

三是与中心为该康复人士提供服务的其他专业人士会谈。康复人士在中心接受肢体的康复、技能的训练等，因此，其他专业人士对其当前的生理状况有着较多的了解。

3. **预估**

透过对问题的了解，来发现协助和干预的方向称为"预估"。预估主要是对与康复人士有关的基本情况进行了解和分析（包括康复人士当前的状况、感觉，和外在环境事件与行为表现之间的关联）。社工通常透过对康复人士的生理功能、心理功能、社会功能和整体环境等四方面情况的了解，做综合性客观的评量，确认康复人士的问题及需要。

社工依据所收集的资料、预估的结果和对问题的界定，来确定明晰的服务工作目标。社工通常用四个步骤来确定目标：

（1）重述先前已呈现的问题；

（2）在预估阶段，协助康复人士列出与问题有连带关系的其他困难；

（3）协助康复人士确定解决问题的先后顺序；

（4）协助康复人士明确其想要的结果。这就是目标的订定。

所以，目标的订定应在与康复人士进行充分的讨论后达成。目标的订定必须具体可行，并且与机构的功能相符，才能使康复人士对目标的实现有比较实际的期待。

4. **计划**

计划的制订须注意计划要有弹性，以便可以随时修改服务计划；服务计划应由社工与康复人士共同研究及制订，以尊重康复人士的意见为原则，共同商讨出一套解决问题的方案。

服务计划须根据预估的结果来制订；在制订时，除了康复人士和社工的意见外，相关的意见和关心康复人士的人的意见也应当参考。

计划的内容应当包括服务或干预的范围、目标、深度、进度、使用的方法和运用的资料等。计划的最终目标在于促进康复人士的生活适应和社会功能的发挥，并综合、动态性地改善。

5. **介入**

在服务历程中，社会工作者必须依照对康复人士的需要预估、双方讨论的目标和计划，提供个别化而非公式化的介入方案。尽管康复人士在生理、心理、社会适应上有着较为接近的需求，但伤残程度的不同、应对能力的不同、支持体系的不同，也会使得他们有着不同的处遇焦点（个人、家庭、社区、组织）。因此应当运用不同的实务技术及介入模式协助康复人士进行情绪管理、人际互动、危机处理、环境适应等，并以此开展服务。

6. **结案**

结案是社工个案服务的最后一个步骤，是指社工与康复人士专业关系的结束处理工作。一般情况下，当康复人士期待的主要问题基本解决或之前讨论的介入目标已经达成，或者康复人士已经能够处理当前的问题时，社工就可以结案。由于中心的案主具有较大的流动性，他们很少长时间住在中心，因此往往也需视康复人士的身体恢复情况来决定是否结案。

助人关系即将结束时，社工需妥善地结束关系，评估工作是否达成所设定的目标。

在整个个案服务的过程中，社工注重康复人士和环境的特殊优势来达致成长和改变，所以个案工作的过程也可以说是促使康复人士成长和改变其环境的过程，在过程中每个阶段都需要康复人士的参与才能实现目标。

案例

1. 接案：江大伯（化名），男，68 岁，2010 年 9 月主动来到德阳中心，希望可以给他安装假肢。国庆节后假肢安装完毕。社工和其他专业人士共同为江大伯进行假肢评估。其间，社工了解到江大伯的妻子已经去世很多年，儿子患有癫痫，地震之前就没有回家。江大伯在地震之前就独居山上 6 年，靠种地为生。但在

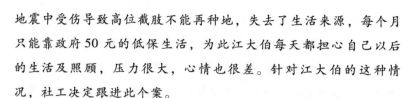

地震中受伤导致高位截肢不能再种地，失去了生活来源，每个月只能靠政府 50 元的低保生活，为此江大伯每天都担心自己以后的生活及照顾，压力很大，心情也很差。针对江大伯的这种情况，社工决定跟进此个案。

2. 预估：工作人员接案后，通过多次面谈和家访，了解了其生活环境，对江大伯的需要做了初步的评估。目前江大伯身体截肢、患有支气管炎，独居山上不仅生活非常不便，需要从山下背水，而且生活环境很差。儿子长期在外打工，很少回家，不能给江大伯提供较好的生活照顾。在多次面谈后，江大伯慢慢吐露了其更大的难言之隐：原来江大伯的儿子患有癫痫，一直不希望"外人知道"，避免给儿子造成心理压力。因此，他很担心自己的生活问题，也担心儿子的生活问题，很自责没有给儿子留下很多钱，加上儿子有病，没有女孩子愿意嫁给他，以至于到现在都还没有结婚。由此，他的情绪也非常低落、消极。江大伯是一个党员，年轻的时候很喜欢帮助别人，但是他自己又不想让别人帮助他，他觉得自己可以解决，认为安装了假肢后还可以出去打工。

3. 计划：从长期照顾方面考虑，可运用的资源是政策方面的，江大伯的问题也很明确，他自己的心理压力及情绪问题大部分是由他目前的困难引起的。工作人员也鼓励江大伯，通过社工和他自己的努力，逐渐改善目前的情况。接下来，工作人员与江大伯一起讨论，制订了相关的跟进计划。

首先采用社区介入、网络建构等多种方法，通过链接资源的行动协助江大伯；其次，与江大伯讨论双方要达成的目标：帮助寻求资源，尽量解决短期的照顾问题，疏导其情绪，减少压力，增强其对生活的信心。长期目标：解决以后生活的照顾问题，争取能入住当地养老院。

4. 介入：在确定完相关目标后，社工开展具体的介入。

第一步：2010 年 11 月底，社工协助江大伯进行"五保"申请，但他不愿意把儿子患有癫痫的事说出来，所以一直没有提交申请。在几次面谈的过程中，江大伯倾诉了不愿向政府说明的原因是担心给儿子带来压力。社工帮助江大伯分析了这件事情的利弊，以及各种选择后的处理与可能的结果，交由江大伯自己考虑决定。12 月 3 日，江大伯找到了工作人员，表明愿意说出儿子的病情，向政府申请"五保"。

第二步：12 月 16 日，社工在家访过程中了解到：①江大伯目前居住的房子已经是危房，墙壁出现很大的裂缝；因江大伯在地震中没有受灾，所以也没有房屋补助。②江大伯家中没有水电，需要到山下背水喝，上下山的坡度较大，也存在较大危险。假肢矫形部门根据情况重新给他安装了一个假肢，物理治疗部门也针对他的情况做了物理治疗，同时对他进行了一些专项训练，如用假肢走山路。社工协助江大伯向当地居委会递交了五保申请书，除此之外，社工也拍了江大伯上山及其家庭现状的视频，向当地民政部门说明了江大伯的相关情况。

第三步：考虑到申请"五保"及入住当地养老院需要半年至一年的时间，在这段时间江大伯居住在山上存在很大的风险，社工协助联系外部资源，由私人捐助两年的房租（扶贫工作不是红十字会的服务范畴）在当地租了一间房屋；他除了有一张桌子、一床很重但不保暖的被褥外就没有其他东西了，社工给他买了厨房用具、水瓶、棉被等。同时，作业治疗部门给他提供了坐便器和洗澡辅助用具等，解决其现在居住的问题。之后，社工定期协助江大伯打电话，与民政部门联系，跟进其入住的情况和"五保"申请的进展情况。

第四步：由于申请低保需要江大伯提供儿子的健康证明，社工在与江大伯讨论后，与其儿子进行了面谈，了解到他儿子在一个工厂上班，每个月 700 元的工资除去生活费、房租外也没有多少钱了。其儿子愿意接受体检，于是在社工的协调下，在德阳的

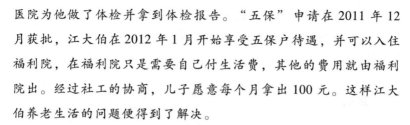

医院为他做了体检并拿到体检报告。"五保"申请在 2011 年 12 月获批，江大伯在 2012 年 1 月开始享受五保户待遇，并可以入住福利院，在福利院只是需要自己付生活费，其他的费用就由福利院出。经过社工的协商，儿子愿意每个月拿出 100 元。这样江大伯养老生活的问题便得到了解决。

2011 年 3 月，经过评估，江大伯入住福利院生活，情绪良好。服务对象的目标已经达到，社工通过电话回访的形式予以定期跟进。

4.2.2　医务个案

德阳中心是一个康复中心，不能进行手术，因此便与德阳市眼科医院合作，由香港来的志愿医护人员定期到德阳，到该院进行手术。这是将服务转移、拓展到了医院，即服务环境因为服务对象而发生了变化，与机构的个案服务没有质的差别。因此，这里的医务个案只是突出德阳中心的康复服务并不局限于本机构，而与系统的"医务社工"不同。

1. 对象

医务个案服务于接受康复治疗的康复人士。他们通常是接受截肢手术后，正接受肢体康复和技能训练的服务。医务个案不只在医院内提供，有些康复人士会住院治疗，因此社工也将服务拓展至社区。

2. 工作者

医务个案服务要由社工、骨科医生、物理治疗、作业治疗、心理服务等部门的专业人士来提供。

3. 工作任务

（1）对康复人士术前的身体状况、情绪状况、陪护状况的了解和评估；

（2）和医院协调，改善康复人士在医院的生活环境；

（3）增强对康复人士的关怀，提供社工及义工关怀服务；

（4）链接机构和医院两种服务；

（5）此外，也会做一些情绪管理等社工个案服务工作。

案例

个案背景：大勇，男，35 岁，初中毕业，地震前是厨师，收入还不错，与女友在地震后分手。父亲在他很小的时候去世，母亲带着他改嫁到现在的家庭，地震前母亲和继父生活在一起，自己很少回家。地震后大勇双腿截肢，失去劳动能力，本身也无土地依靠，多靠朋友接济。通过残联介绍来到机构。

第一阶段：大勇在 2010 年 9 月开始在德阳的一家医院治疗褥疮，但一直没有愈合。社工接案后，与医务人员讨论，为了促进他伤口的愈合必须给他增加营养，补充维生素，但是大勇现在每个月只有 300 元的生活费。因此，社工向部门主管和中心主任汇报，为大勇申请了用于医疗的特殊费用 200 元，购买水果、牛奶、鸡蛋等改善营养。之后，在多次的面谈中，主要焦点为跟进大勇的生活方式，以后的住宿、生计，及他对以后生活的规划和展望。

第二阶段：社工开始送营养品，并与大勇讨论他对自己出院后的住宿安排。在与社工交流后大勇表示要是福利院能改善居住条件，就愿意去福利院。社工与福利院联系后，福利院同意在资金不超过 200 元的情况下做改善。在社工的协调下，福利院按照大勇的身体状况，相应地改善了居住条件。之后，社工在随访中评估福利院已做改善，并和福利院进行沟通及电话跟进。由此，大勇的住房需求得到了满足，出院后可以入住福利院。

第三阶段：社工与大勇讨论工作方向的选择。由于大勇失去了双腿高位截瘫，只能靠手来工作，类似于手工艺品加工的工作较为合适。根据这种情况，社工联系了一所民办非企业单位，它主要招聘一些地震后的康复人士。同时他们提供两个方案供大勇选择：一是鉴于大勇地震前是厨师，可以选择去厨房工作；二是可以选择在工厂做也可以选择在家里做手工艺品。经过和大勇商量，他决定在家里做手工艺品，并收到企业的邀请函。

第四阶段：2011年12月，大勇康复出院，社工协助他入住福利院。

在社工协助大勇的过程中，物理治疗专业人员对其腰背等肌肉和手部肌肉进行训练，恢复其全身肌腱功能；作业治疗专业人员根据专业的需要和案主的自我照顾能力进行能力的评估，并根据大勇的身体功能情况，针对福利院的家居改造等给出专业的意见；心理咨询员针对他在地震后出现的诸如悲观情绪等创伤压力，予以辅导。义工也会定期访问，给予情绪支持。

4.2.3 个案协调

个案协调（case co-ordination）作为德阳中心康复服务的一个理念，并不是针对某一个康复人士，而是协调不同的部门来开展一站式的康复服务。个案协调可以提高"一站式"服务的效益，社工亦会担任个案协调员的角色。

1. 服务对象

（1）有需要的康复人士可透过中心每周的小会诊提出对治疗服务的疑问及意见，社工会协调不同部门的专业人员来参加，为康复人士提供与各专业沟通的渠道，并针对康复需要进行讨论，促进康复人士与各专业人士的沟通，增进理解。

（2）中心非活跃个案。鉴于中心后续康复服务跟进的需要，个案协调员定期电话回访中心非活跃个案（以6个月未接受中心服务为非活跃个案），电话回访被列为社会康复部同工的日常工作。

2. 服务内容

（1）关注康复人士的康复需要，落实康复人士的服务诉求；

（2）加强对中心后续康复服务的跟进，由社工统筹定期跟进康复人士的服务需要，以便康复人士获得全面的"一站式"康复服务；

（3）推动中心6个专业团队聚集合力提供服务，加强中心专业团队之间的沟通与合作；

（4）提高服务效率，避免资源重叠及浪费。

3. 个案协调员的角色及能力要求

（1）角色

个案协调员在一站式服务中扮演着资料搜集者、通报者、协调者、服务提供者等多重角色：康复人士需要资料初步搜集者；通报者：将康复人士的服务需要通报有关部门跟进；后续服务协调者：定期跟进康复人士接受服务的情况，协调后续服务；服务提供者：社工提供相关之社会康复服务。

（2）能力要求

个案协调员需了解中心6个专业团队的服务，能够理解康复人士的康复需要；拥有良好的沟通、待人处事及关系建立的技巧及能力，能够与康复人士、不同专业团队很好地沟通、协调；能做适当的内部与外部转介。

4. 制度及流程

（1）非活跃个案名单筛选：查找中心电子病历档案中6个月及以上未有服务记录的名单。

（2）电访：根据名单制订轮候电访计划（以6个月为期限）；个案协调员致电了解康复诉求，并在"后续跟进表"上简单记录电访内容。

（3）跟进：如有需要，个案协调员会向相关部门或专业人员做适当转介，转介记录要录入电子病历档案；相关部门或专业人员一周内向个案协调员做出口头转介回复，回复内容可以是跟进行动或者跟进计划，转介回复也要录入电子病历档案；有关部门或专业人员继续跟进康复需要，直至相关服务完结。

（4）结束个案协调工作：有关专业部门或专业人员结束阶段服务，向个案协调员口头通报阶段服务结束，并录入电子病历档案；个案协调员定期（每3个月）跟踪转介之服务是否已完成；个案协调员得到服务结束信息后致电结束。

社会康复服务为康复人士及其家属在康复过程中面临不同适应问题及困难时提供协助，社工会帮助寻找资源（包括物质资源和社会资源），支持他们，帮助他们走出困境，最后使其走向能力建设的自助和互助，比如与政府及非政府组织联系，协助康复人士申请资源，最基本的是相关的"五保"、低保及一些缓解生活困难的提高生活质量的资源。

4.3 "参与式的社会康复"

在从中心到社区参与式的社会康复过程中，通过定期的家庭探访、电话回访，组建康复人士互助小组，与有关机构协调，开展有利于康复人士职业发展的生计项目，培养康复人士独立自主的生活能力和精神，切实解决他们的社会适应问题，帮助他们重新参与社会生活。通过这种方式，不仅有利于增进社区人士对康复人士的理解和支持，帮助他们平等地参与社会生活，而且有利于提高康复人士适应社会、融入社会的能力和意识。

4.3.1 互助小组

互助小组，以"参与式的社会康复"为理念，旨在使康复人士提高投入社区生活的意识和能力，兼有社会支持重建和生活重建等多重意义和功能。先发展互助小组建立支持网络，进而进行生活重建。

1. 目标

互助小组的建立，旨在：

（1）为康复人士提供一个相互交流、支持的平台，亦通过此平台提升康复人士的自我效能感；

（2）通过小组带动周边群众认识并了解康复人士的困难及需要，希望周边群众为康复人士提供支持；

（3）透过康复人士与群众进行接触，促进群众与康复人士的沟通及相互理解，让康复人士能融入社区生活，促进共融及和谐社会构建。

2. 工作方针

以康复人士的需要为主导，社工支持为辅。

3. 小组规范

对组员情况保密；组员间相互包容、接纳；组员间互相尊重；组员间相互团结。

4. 发展阶段

（1）小组准备期

对每个组员进行家访，了解组员的基本情况及需要。明确小组形式，确定小组目标，并设计小组活动内容。

（2）小组前期

社工需促进组员交流，建立信任、包容、合作、和谐的关系；家访小组组员，了解组员的情况，适时调整小组的活动内容。

（3）小组中期

对小组的活动进行协调安排；对每个组员进行能力训炼；及时发现组员间出现的矛盾并做出处理。

（4）小组后期

将小组活动交由组员自行决定及规划；继续培养小组组员的能力，为社工撤离后小组能继续存在做准备。

5. 社工与其小组组员的联系

（1）小组前期，社工为主导，小组的活动内容均由社工负责，组员只是参与；

（2）小组中期，社工引导，全体组员参与活动设计；

（3）小组后期，社工协调、支持，由组员负责小组活动。

6. 互助小组与中心其他部门的联系

社工与中心其他部门密切合作，并根据小组组员的需要邀请各个部门的专业人员为小组提供服务。如针对组员的疼痛处理问题，社工便分别邀请了物理治疗、作业治疗、心理服务部门的专业人员到小组为组员提供有关服务；如个别组员有需要安装假肢、物理治疗、作业治疗、心理咨询、医疗护理等服务，社工会及时转介给相关部门。

案例

1. 小组背景

红白互助小组又名"爱心·感恩"小组，该小组在"全人康复"理念下开展持续性的互助小组活动。

小组成立的目的是考虑到康复人士回到家中，除了身体康复的需要外，还面临被关怀、与人交流的需要。通过该小组满足以上两种需要，同时让组员感到受支持、获理解，增强战胜困难的勇气，同时也能让组员通过帮助身边的人提高自我认同感。希望借此小组提升组员能力，如人际交往能力、组织能力等。此外，也能让组员认识到自己的权益，并能通过适当的方法维护、争取自己的合法权益。小组成立的目的还在于希望通过小组的形式让更多的康复人士建立互助关系，互相支持，互相帮助，也能让更多的人理解、支持康复人士。

2. 小组发展

红白互助小组自 2010 年 4 月 20 日开展第一次活动以来，共计开展活动五十余次，平均每月两次小组活动。小组组员有红白镇附近的康复人士，固定组员 16 名，流动组员 4 名，年龄段为 35 ~ 55 岁。

第一阶段，2010 年一共开展了 18 节小组活动，主要任务是小组支持功能的发展及回应组员回到社区后的康复需要。

1~5节主要的活动内容是增进团队理解和信任。但出现参加的人越来越少的情况，这是因为举办活动的场地太远了（当时场地在莹白镇），后来根据情况把场地改在红白镇的一个老年协会的场所，人员便固定在10~11人。

6~9节的主要内容是基于组员提出的一个关于身体康复的问题。社工针对具体需要，与组员讨论并调整了小组计划，邀请康复治疗师检查他们的身体状况，教他们一些简单的物理治疗方法来改善康复状况。

10~18节的主要内容是疼痛的处理及增强团队的凝聚力与互助意识。到了冬天，他们的问题是伤口疼痛感有所增加，社工于是邀请了作业治疗和心理服务人员针对冬季疼痛做了一个专题讨论，制定应对策略。通过疼痛的各项管理方法，组员增强了彼此的认同感（因别人不能够理解他们的疼痛感），并使组员相互促进、相互鼓励及提升对疼痛的自我管理认知，应对疼痛。

第二阶段：2011年的主要内容是培养小组的领导，开展社区活动，发展小组生计。

这一阶段的小组主要由原先的小组组员来带领，社工主要扮演协调者和支持者的角色。能力的提升、小组领袖的培养，主要是通过他们在活动中担任主持人带领小组组员探讨一些话题，同时进行主持方面的培训，并在活动中加入了组员的设计。

社区活动主要分两部分：一是社区的关怀活动。在2011年的春节，小组组员探访了附近一些有困难但没有办法出门的人，为他们送温暖。这一受助者到助人者角色的转换，极大地提升了他们的自信心和能力。二是举办社区运动会。在2011年12月3日的康复人士活动日，邀请一些当地的康复人士参与活动，开展社区教育。让康复人士和健全人士互动的同时，也让他人关注到康复人士这一群体。

发展生计小组：前期带领组员参观康复人士所制作的一些手工艺品。之后组员提出发展丝网花的项目，但是后来经过考察了解到销路不好就暂停了。之后有组员对种植红豆杉产生了兴趣。社工带领组员到崇州考察红豆杉种植项目，同时买了些种子回家种。其他组员对种植银杏树感兴趣，经鼓励他们开始种植银杏，在2012年初已经扩大了种植规模。

红白互助小组的发展，基于康复人士回归社区后复杂的环境、多元的需求。在小组发展的过程中，社工从带领者转变为支持者，提升组员的内在动力，保护组员的投入热情，尊重组员的讨论意见。大家一起来分享经验，解决问题，提升互助的能力。此外，小组评估的进行是在每年春节的时候，大家坐在一起做检讨，总结上一年所做的所有事情，探讨明年工作的问题，为未来的工作做一个计划。

社会康复服务：小组工作——红白互助小组活动

4.3.2　发展生计项目

1. 发展生计项目的原因

（1）康复人士在身体康复后，部分面临生计压力，需要参加工作来获得经济收入；

（2）康复人士参与社会、增强社会竞争力的需求；

（3）进行自我价值的肯定和认知。

2. 生计项目的目标

（1）满足康复人士的生计需要，提高其生活质量

康复人士在身体残疾后，大部分不能从事以前的工作，且大多为家中的主要劳动力，经济压力大，负担较重；生计项目是针对康复人士的生计需要所开展的项目，能够让康复人士在参与生计项目的过程中，不断减轻经济压力和心理上的焦虑；让康复人士在生计项目的带动下，能够对家庭经济有所贡献，并提高其生活的质量和幸福感。

（2）让康复人士重新融入社会，提升自我价值

对康复人士而言，在参与生计项目的同时，也能重新融入社会，并积极参与社会；在获得经济收入的同时，也是一种自我价值的重拾和提升。

（3）对服务对象进行增能，发掘其潜力

提升康复人士包括技能、解决问题、人际交往等各方面的综合能力；挖掘康复人士自身的潜能，并合理运用。

（4）在康复人士中建立相互支持的网络

中心的康复人士主要集中在绵竹市和什邡市。生计项目开展的点，也能形成一个网络，辐射其中的康复人士；康复人士在一个生计网络中能够以同路人为参照，相互帮助和支持，形成一个互助的网络；让康复人士完全自主参与，自主决策，而非机构主导。

3. 生计项目的类型

（1）职业培训

培训的项目完全以康复人士的身体状况、自身兴趣、自身能力为前提进行考虑和选择，如手工艺品的制作、养殖、种植等。

手工艺品的制作：包括开展对画年画、做丝网花、描绘脸谱、十字绣、竹编等的技能培训；

养殖：对普通家禽养殖所需技术的培训支持；

种植：对种植花、草、树、药等的技术支持。

（2）创业支援

联系资源：让康复人士参加相关的创业培训和指导；

学习累积：带领康复人士参观不同类型的创业企业，从中学习，累积经验；

管理支持：对康复人士参与企业管理的人力、财务、营销等方面能力提升的支持。

4. 生计项目的发展阶段

其运行共分为四个阶段，即项目准备阶段、项目计划阶段、项目实施阶段和项目评估阶段，四个阶段是相互联系的整体，彼此依存。

项目准备阶段是整个项目运行的第一个环节，是康复人士参与最多的一个阶段。由于康复人士在个体技能上存在不同的特点和差异，生计项目的发展需要照顾其现实可能性。此外，项目的选定需要充分发挥康复人士自身的热情，兼顾其所在社区的文化习俗，等等，以求项目具有可操作性和持续发展。

项目计划阶段是项目的规划设计以及寻找相关的支持资源等的阶段。该阶段将专业人员和康复人士进行有效的联结，保证项目既能良性运行，又能符合康复人士自身的需要。

在项目实施阶段，不仅需要协助康复人士建立规范的操作化流程和较好的管理制度，而且需要培养小组内部的带领者，承担组织和协调的重要任务，以利于项目的可持续发展。

项目评估阶段。当小组发展到一定阶段，对项目的实施情况进行评估就成为项目运行的最后一个环节。这里主要由中心负责评估。

5. 生计项目中社工的角色

组织者：在前期生计项目的开展中为收集信息、联系资源、组织康复人士参加的组织者角色；

支持者：在生计项目开展中，是康复人士能力提升、情绪情感等陪伴的支持者角色；

协调者：对康复人士在生计项目中所需要的资源进行调节的协调者角色。

综上所述，社工通过与残联等机构合作，举办职业技能培训，提升他们再就业的技能，这样也能使他们重树信心，使他们对生活充满希望；另外，社工与康复人士一起探讨职业生涯规划，协助他们发挥自身的优势，重新走入社会。因地震康复人士比较集中，社工会搭建社区的互助平台，让康复人士互相支持，互相鼓励，等等。

案例——脸谱作坊

1. 项目背景

康复人士回归家庭、回归社会，首先会面临一个现实且急迫的问题——生计问题。当康复人士的身体恢复达到一定的程度时，他们的生计问题也在身体康复后凸显出来，他们需要维持生计以及家庭的日常开销。因地震受伤，工作的选择面对于他们来说也相对狭窄。康复人士生计项目的发展又有诸多局限：康复人士本身的身体局限，身体残疾导致的自卑自闭，以及社会排斥。

2. 项目目标

康复人士因地震致残，在地震后看到其他人正常工作，心里难免会有落差感，自我价值感会降低，沉重的心理包袱和消极的自我暗示甚至会让他们觉得自己拖累家人；勉强去从事工作，也会给身体的康复带来更大隐患。脸谱作坊的大部分成员都有经济负担，这个项目对于他们的需要来说很有急迫性。此外，项目的目标还体现在：提升作坊成员面对社会和竞争的适应能力，以便其更好地谋求生存。脸谱作坊将会由康复人士自主参加建立，在

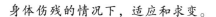

身体伤残的情况下，适应和求变。

因面临相同的生计问题，项目的目标明确。项目对于成员来说，不仅意味着经济收入的提高，而且也是一种重拾自我价值的途径。

脸谱作坊的发展能够让社会更多地关注康复人士的生计问题，也能让成员赢得来自社会的尊重。脸谱作坊中女性成员居多，作坊能让她们发掘自身的潜力，寻求新的价值。

3. 项目发展

2010年8月与某公司合作并启动脸谱作坊，产品主要是具有四川特色的脸谱和年画。脸谱作坊的工作间设在绵竹市康复人士康复服务中心，由绵竹市残联提供。某公司负责培训，前期已经招募有意向参加作坊的康复人士二十余名。

描绘脸谱需要较大的空间，3个工作间经过布置，最多能容纳22人进行作业。参与作坊的康复人士，在前期，工作收入都存在问题，每天的餐费和交通费对他们来说是一项负担，同时他们也面临着采购原料的资金不足问题，需要政府或其他单位予以资金支持。

第一阶段：2011年8月到2012年5月

在第一阶段，项目主要由康复人士自己负责，只有一个项目的干事，社工并没有介入。但是画坊发展不好，低收入是其具体体现，每个人的收入每天只有六七元。基于这种情况，社工请了年画总公司的人来调查，查找了有关流程和压力管理的问题。问题主要体现为具体细节操作得不规范，做了很多无用功。如：在画脸的时候只需要一笔就可以带过了，但康复人士会描很久，导致工作效率不高。同时给予康复人士一些技术规范上的指导。

第二阶段：2012年5~6月

社工暂时转变角色，先带领画坊康复人士制定规范化的操作流程，成熟之后才退出。首先做了年薪制的调整，通过邀请总经理和他们的技术老师，提高画坊的技术，改善分工流程，改变管理模式。另外，邀请年画总公司的培训师来画坊做培训，两天的培训使每个人的技能都提高了很多，现在有的员工可以两只手同时进行操作，作品也已经达到很高的水平。

在第二阶段社工是主动的，且介入了项目的管理，但项目负责人依然是康复人士。社工每周都会查阅账簿、出勤表、进度，与康复人士一起讨论存在的问题，并积极加以解决。通过社工的介入，不仅画坊的人均工资从以前的六七元增加到现在的十六七元，而且团队成员相互之间的信任和合作意识也逐渐增强。

从一开始的完全放手到目前社工的短期介入，生计项目

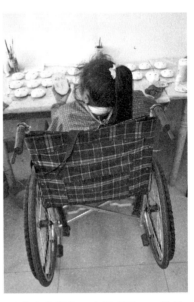

社会康复服务：生计项目——绵竹春蚕手工画坊成员在绘脸谱

的发展逐渐走向正轨。然而，由于社工的介入，画坊的成员存在依赖心理，显得很小心，希望社工可以参加所有的活动。后期社工也正在筹划有步骤地减少参与。项目现在还有一年的时间结项，现在的任务就是协助画坊成员建立稳定的工作秩序，获得较好的经济效益，之后交权给培养起来的画坊负责人，做好社工退出的准备工作。

4.4 义工发展

1. 义工来源

（1）本地院校的大学生青年义工（德阳中心的义工来源为四

川省某高校青年志愿者协会）；

（2）有意愿参与义工服务的中心康复人士及社会人士。

2. 义工组织管理

整体而言，社会康复部承担义工招募、义工培训、服务督导、协调、统筹工作，社会康复部委任一位合适的社工做义工协调员，负责计划、执行及管理工作；制定预算，推展及管理义务工作，定出标准程序，进行义工招募、挑选、任用、安排、督导及评检等工作；义工协调员需与义工组织保持联络，进行协调，以维持合作关系。

合作院校义工归属该青年志愿者组织管理，社会康复部尊重该志愿组织的管理工作，但同时义工需要遵守中心义工政策及守则。非合作院校义工由部门管理，并遵守中心义工政策及守则。

3. 义工运行机制

（1）义工招募

包括公开招募、个人自荐和邀请等多种形式。

公开招募：大学院校青年志愿者比较热衷于从事社会实践活动，不乏有爱心的义工，是很好的合作伙伴。因此，根据每年度义工服务计划，有计划地公开招募义工。部门与院校青年志愿者组织合作，每年公开向该院校志愿者发布招募公告，委托合作院校青年志愿者组织收集申请意愿。

个人自荐：在非招募期间，有个别社会人士、康复人士自荐参加义工服务。通过面试了解义工基本情况，经部门内部讨论，根据服务需要，可接受自荐。

邀请：义工是社工良好的工作伙伴，根据服务需要，如需要具有特别才能的义工参与服务，部门可主动邀约适合的义工。

（2）义工挑选

当公开招募的义工人数超过预定招募人数时，需要启动公平筛选程序。本着公平、平等、自愿原则，部门结合所开展的义工服务对申请者进行筛选，以求既能发挥义工的才能，又能推动服务的开展。

具体的筛选程序如下：第一步：工作员了解申请者的基本资料，安排面试。第二步：工作员采用结构式面谈的方法，了解申请者参与义工服务的动机、沟通能力、参与义工服务的时间及持久度等，并对每个选项打分。第三步：根据义工服务项目的性质来考察申请者参与义工服务的时间及具有的才能，参考其面试分数，来选择合适的义工。

（3）义工培训

义工有权利、有义务获得必要的培训，培训是保障义工服务质量的重要前提。义工负责部门有责任为义工提供所需的培训，培训内容因应义工服务项目的不同而调整。依据现开展的义工服务，培训内容包含：红十字运动知识及精神、伤残人士的特点和需要、人际沟通与交流技巧、电话回访技巧、义工服务注意事项。

（4）义工服务督导

为保障义工服务质量及保障服务对象获得适当的义工服务，部门有责任为义工提供服务督导。督导内容包含：指导义工开展服务，策划义工服务项目，帮助义工处理在服务过程中产生的情绪问题。

（5）义工服务检讨

中期检讨：邀请义工、义工组织一起检讨服务进程、服务效果；

终期检讨：邀请义工、义工组织一起检讨该年度服务计划实施情况，并制订下一年度义工服务计划。

（6）义工团队建设

为维持义工团队凝聚力，促进义工团队成员之间相互帮助，保持义工队伍的活力，部门有责任开展义工团队建设活动。团队建设活动每年按常规举行4次。

5 反思与改进

四川省位于中国内陆西部腹地，占据着四川盆地的绝大部分，向来与外界接触较少，在复康及相关专业的发展方面，都不是专业服务的龙头，尤其需与国际接轨的专业，有一部分更是处于刚起步或仍在发展的阶段。

5.1 成功要素

德阳中心的一站式康复服务的成功推出，得到国内外政府、民间机构及相关专业的认同。其成功源于以下九个方面：定位清晰、切合实际需要、专业义工的参与、资金配套保证、制度以外的特许空间及专业服务管理、服务的人性化、服务的可持续性、服务的系统化。

1. 定位清晰

德阳中心在地震发生后短期内成立，其目标简单而清晰：在五年内建成一个一站式康复服务中心，并对本土工作人员及相关专业提供培训，让服务可以在五年后持续提供，并且长线持续发展。这个简单易明的目标，让不同的专业员工及义工在参与时都能清楚同一目标。

2. 切合实际需要

地震受伤后需要医疗及康复服务的伤员众多，而一站式康复服务引入外地的一站式专业服务，正切合康复人士的需要。从骨科会诊和手术、装配假肢及矫形器、术后物理治疗和心理辅导，以及协助回归社区和工作岗位的作业治疗与社工服务等一条龙式的综合服务，让康复人士可以得到较为全面的康复。

此外，针对服务使用者普遍经济不富裕的情况，德阳中心除为到中心接受服务的伤员及陪伴者提供五年免费医疗及康复服务外，亦提供免费的住宿、膳食及交通安排，让伤员无需担心"没钱没服务"的情况出现。

3. 专业义工的参与

德阳中心得到香港红十字会的支持，将满足康复人士多元化需要的专业人士如骨科医生、麻醉科医生、护士、物理治疗师、职业治疗师、临床心理学家、社工整合在同一个机构中，为康复人士提供骨科医疗及护理，假肢评估、安装、训练和跟进以及物理治疗、作业治疗、心理服务、社会康复等"一站式"专业服务。

4. 资金配套保证

香港红十字会在德阳中心成立之初，已从地震赈灾的款项中拨备资金供德阳中心做五年服务经费之用，加上善心人士捐出机票里程积分及不同物资以协助服务的推展，使得中心管理人员无需为服务经费担忧。

5. 制度以外的特许空间

德阳中心的一站式康复服务是由香港红十字会派遣外来专业人员在本地开展服务，但由于外来的专业人员的专业资格和操作与本地制度规范存在差异，不能在中国内地提供服务。例如：骨科医生不能在内地操刀动手术；护士、物理治疗师、作业治疗师、心理学家、社工等均需要有内地的执业资格才可以在内地执业，但因为地震灾区的服务需求众多，政府亦对这些外来的专业人员相对放宽限制，让骨科医生可以与本地医院医生合作进行手术及会诊、与本地机构合作（德阳中心与残联合作）进行康复服务，让与康复相关的外来专业人员在四川也可以参与提供服务，这样也能促进技术交流，提升当地康复服务水平。这是地震后出现的一个特许空间。

6. 专业服务管理

要将不同的专业人员聚拢在同一个平台上，以同一个团队的方式分工合作，需要强有力的专业管理，以统一服务为发展方向。配套措施有：平衡资源及人手分配、制定合理的服务流程、统一员工招聘及相应条款和程序、确定中心的基本内外宣传方式、对外联络、内部协调、资讯流通、培训安排、员工住宿安排、中心维护、接待等。德阳中心建立了一系列规章制度——各部门的《康复服务流程》《个案协调员制度》《义工发展制度》等，以明确各部门的分工和职责，使各部门相互配合、相互协调。加上有专业服务管理人员进驻，中心可以于短期内开拓服务市场并充分发展。

7. 服务的人性化

在机构内定期会诊并召开个案会议，由骨科医生、麻醉科医生与中心专业团队参与会诊，针对新症个案则每周定期进行小型会诊，每周三次就康复人士的跟进治疗召开个案汇报会议，而且实现了机构和社区的紧密结合。一方面于集中了 20 位康复人士或以上的地点（如绵竹人民医院、北川中学、汉旺学校、东汽中学、都江堰友爱学校）安排专业团队提供外展服务；另一方面，提供免费接送服务和资助，方便集中康复人士到中心应诊，并为他们提供暂宿服务，供来自偏远地区或需在中心连续进行康复治疗的康复人士及其家属暂时免费入住，让其安心应诊及进行康复治疗。

8. 服务的可持续性

运用内地资源，与德阳市残联、德阳市红十字会、德阳市眼科医院结成战略伙伴关系；以德阳市为基地，服务不限于德阳市。开放与社区、官方及志愿团体（如残联、教育局、卫生局、医院、学校、社工站、社区复康机构、大学义工团等）的合作。同时与相关机构（如成都市第二人民医院、德阳市眼科医院、中残联、汶川县人民医院、绵竹市人民医院、星雨心理咨询中心、德阳市精神卫生中心等）合作，为四川相关专业人员提供培训。

9. 服务的系统化

不仅在机构中为康复人士提供康复服务，而且将服务延伸至社区，联系资源，搭建互助平台，重建支持体系，为康复人士在身体康复后的职业发展、生计生活、社会融入提供支持和帮助，兼顾康复人士生理、心理、社会、职业等多方面的需要。

5.2 德阳中心一站式康复服务存在的问题及面临的挑战

德阳中心一站式康复服务是为了响应汶川特大地震后四川康复人士的需要，在短期内由外来的专业人员与本地聘用的员工共同为康复人士提供服务，成为国内同期同类康复服务的另类典范。但此项计划亦面临如下多种问题与挑战，包括：时限与资金断链问题、地震"热情"减退、专业性的差异、专业间的矛盾、专业接班问题、与本地体制的接轨等。

1. 时限与资金断链问题

德阳中心系由香港红十字会透过香港赈灾的捐款而成立，为期五年，为有时限的机构。虽然中心的服务为一可持续发展的设计，包括向本地员工及相关专业人员提供培训、与两家医院合作将中心一站式康复服务予以延续等，但到 2013 年 7 月，当五年计划时限到来，中心将交予德阳市残联继续运作，部分专业人员撤离后专业服务水平能否维持、服务运作资金无以为继后能否继续为地震伤员提供免费的服务、因应内地与香港的不同相关专业体制及发展情况的差异等都存在问题。德阳中心在香港红十字会捐款的支持下可以提供五年免费服务，在资金支持下这些专业服务可以免费提供，但现时在中国内地，政府对相关康复专业的投入仍少，香港红十字会将中心移交后，中心的资金便需要由当地政府承担。

2. 地震"热情"减退

地震激发了很多专业人员愿意做出牺牲投身专业义工行列并

远赴他乡到四川为康复人士提供服务，但随着时间的流逝，地震后能自我牺牲服务昔日康复人士的热情日渐减退，这对于德阳外来专业人员的补充来说亦成为一大问题。而地震亦激发政府对灾后重建资金的承担与对相关康复专业服务的特许通融，但重建资金的承担及制度外通融能否长远亦成为一大挑战。地震后康复人士的需要亦感动了一批外省的相关专业人员（如假肢矫形师、心理咨询师、物理治疗师、作业治疗师、社工）到四川加入服务的行列，但随着时间的流逝，这些来自外省的专业人员能否继续留在四川提供服务，实属另一大问题。

3. 专业性的差异

在提供专业康复服务的同时，由于本土一些康复专业的水平仍处于刚起步的阶段，德阳中心不断向本土专业人员提供培训。虽然无意贬低本土专业人员的专业水平，但亦需面对现实：当德阳中心外来专业人员相继撤离后，本土专业人员是否能持续提供高质量的专业服务？须知专业人员的培养需要多年正规系统的大学训练，当中包括理论与实践的结合，而本土专业人员透过工作中的培养，未必能完全掌握专业的高质素服务的精髓。而一些与康复相关的专业在本土仍处于萌芽阶段，要培养出足够的本土专业人员来提供高水平的服务，实为一大挑战。

4. 专业间的矛盾

将不同专业的工作人员放在同一平台上，以同一团队的方式提供一站式康复服务并不容易，而一些专业间亦存在服务范畴有共同点的灰色地带，例如作业治疗与物理治疗间在一些治疗方法和工作范畴上的分工并不清晰，社工和心理服务的个案辅导工作与小组工作并不容易细分，如没有强有力和包容的领导，这些专业就分工若不能互相谅解，便可能导致专业间的恶性竞争而难以合作。此外，不同性格的工作人员在同一舞台上合作亦不容易。

在大难当前的情况下可以暂时放下很多矛盾及竞争，以至能共同合作，但从长远来看，在同一团队中合作往往需要有足够胸襟、足够宽容，为团队把握方向，有远见、有管理能力的领导才可以维持这一团队的运作。所以，德阳中心一站式复康服务在未来是否可以持续提供，亦取决于有才能的服务领导。

5. 专业接班问题

德阳中心的成立是一个有时限的工作计划，五年后当外来康复专业人员撤离，本地专业人员是否可以靠本土力量维持服务水平仍是未知之数。我们不得不面对本地康复专业的发展仍处于起步阶段的限制，培养足够且高质素的康复专业人员需要时间，德阳中心在外来专业人员撤离后未必能在本土聘得足够的康复专业工作人员继续提供服务。当德阳中心外来康复专业人员及资金撤离后，原先德阳中心培养的本土专业工作人员亦可能会因需寻求更好的职业发展而离开中心，届时，德阳中心的接班问题和服务能否持续将成为需要面对的潜在问题。

6. 与本地体制的接轨

德阳中心的康复服务是经由香港专业人员从香港移植到内地的，其运作方式与本土的体制存在很大的差异。在灾后重建的"特许"时空下，内地的体制可以容许德阳中心存在。但从长远来看，如何将德阳中心这一外来产物本土化，融于本土体制之中，或是透过这一另类实践示范影响现时体制的改变，是它面对未来的一大挑战。

6 总结

过去，德阳中心在内地的康复服务方面进行了一种另类模式的实践。面对未来的持续发展，德阳市残联将与德阳市红十字会及东汽医院合作，提供德阳中心的一站式康复服务，需要进一步

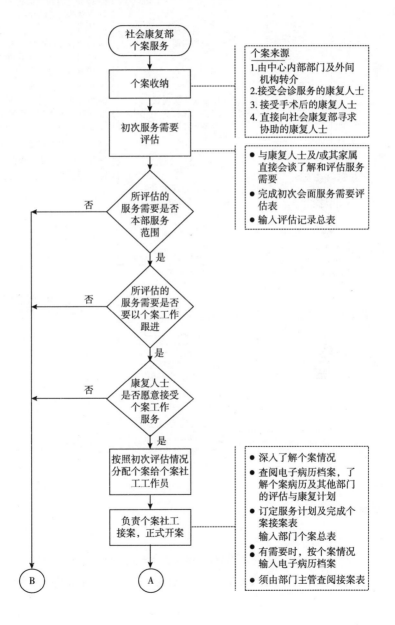

克服在资金、专业接班、领导、专业性的差异等方面的限制，才可以稳妥地顺利进行本土化，维系中心的服务。

附：个案服务流程

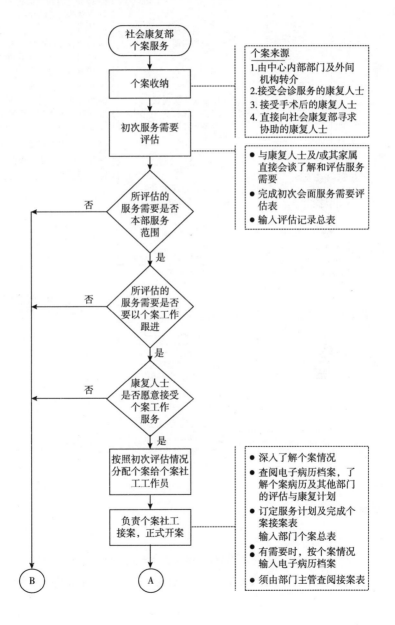

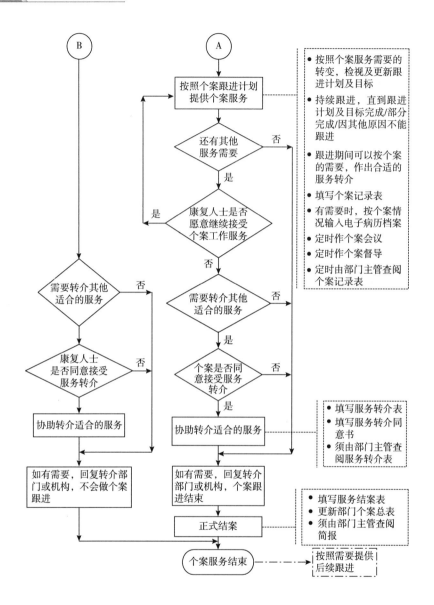

参考文献

城琢登：《青年马克思的思想》，求实出版社，1988，第 19 ~ 26 页。

刘林、李凡：《残疾人及其社区的社会融合指南》，华夏出版社，2010。

马洪路：《残障社会工作》，高等教育出版社，2007。

Malcolm Payne：《现代社会工作理论》（第三版），冯亚丽、叶鹏飞译，中国人民大学出版社，2005。

全国残疾人康复工作办公室：《残疾人咨询康复教材》，华夏出版社，2008，第156页。

任能君、李祚山：《残疾人心理健康与调适技巧》，重庆大学出版社，2009，第13～14页。

《四川地震一周年工作简报》，香港红十字会，http：//www. redcross. org. hk/tc/disasterrelief_ prepard/china_ projects/sichuan_ operation_ summary. html，2009。

吴文彦、厉才茂：《社会融合：残疾人实现平等权利和共同发展的唯一途径》，《残疾人研究》2012年第3期。

肖学慧：《作为伦理文化价值核心的人道主义》，《西南民族学院学报（哲学社会科学版）》2003年总第24卷第5期。

郑忆石：《科学发展观的"以人为本"与西方传统人道主义》，《华东师范大学学报（哲学社会科学版）》2006年第1期。

A. Pincus and A. Minahan, *Social Work Practice：Model and Method*, Itasca, IL：Peacock, 1973.

G. L. Greif and A. A. Lynch, The Eco-Systems Perspective, in Meyer, C. H. (Ed.), *Clinical Social Work in the Eco-Systems Perspective*, New York：Columbia University Press, 1983.

Malcolm Stuart Payne, *Modern Social work Theory：A Critical Introduction*, Basingstoke：Macmillian, 1991.

第四章　以社区为本的康复社会工作

——以四川地震灾区社区康复资源中心为例

杨翠芝*　　胡启明**

1　机构服务的背景

1.1　"四川地震灾区社区康复资源中心"项目简介

"四川地震灾区社区康复资源中心"项目（以下简称"项目"）得到香港特别行政区政府"支持四川地震灾区重建信托基金"资助，为期三年（共 36 个月）。由香港复康会与四川大学华西医院合作，自 2009 年 2 月开始于各地震灾区设立社区康复网点，推动社区康复服务。项目共分两个阶段，第一阶段为 2009年 2 月至 2010 年 5 月（共 15 个月），重点放在强化地震伤员身体功能的康复和社区需要调研工作上，主要服务多为康复治疗师到

*　　杨翠芝，香港注册社工，2000 年毕业于香港浸会大学社会工作系，并于 2007年修完香港中文大学家庭辅导及家庭教育硕士课程。一直深信社工最重要的价值在于争取社会公义，为社会上弱势群体的权益和福祉而呐喊，因此，学士毕业后从事病人自助组织工作达七年。后来转职到香港复康会，主要参与内地社会工作督导及四川灾后社区复康工作，期望中国的残疾人过上有尊严的生活，并致力于培训内地社会工作人才。

**　胡启明，香港注册社工，社会工作学士，毕业于香港中文大学社会工作学系，后加入香港复康会社区复康网络，为慢性病患者及其家属提供社区康复服务。2009～2012 年，担任香港复康会"四川地震复康项目"社工督导，与团队一起建立了一套有效的地震灾区社区康复服务模式，并由当地工作人员延续服务并继续拓展。

居家进行社区康复训练，同时为下一阶段建立社区康复网络打好基础。第二阶段为 2010 年 6 月至 2012 年 1 月末（共 20 个月），主要由社会工作者在选定的社区内组织伤员和慢性病患者，建立伤员的自我管理行为，推动区内自助互助，准备在日后拨款完结后，项目和技术可同时移交当地伤员，继续由当地的社区团体支持。

1.2　香港复康会简介

香港复康会（以下简称"复康会"）于 1959 年成立，创会迄今 54 年，是"复康之父"方心让医生创立的非营利慈善团体。复康会辖下的服务单位现有 21 个，服务范围包括：无障碍交通及旅游、复康服务、持续照顾，以及国际及中国康复服务等，致力为残疾人士、慢性病患者及长者提供全面性及多元化服务，以提升他们在身体、心理、行动、社交以至社会共融各个范畴的生活质量，帮助他们从自助迈向互助，共建关爱社群；并倡议健全人士能够接纳他们，缔造和谐及开明的社会。复康会矢志为残疾人士、慢性病患者及其家人和长者提供全面周到的复康支持，使他们像会徽上的火凤凰，可以重建新生。

在中国康复服务方面，无论在医疗卫生系统、民政还是在残疾人士服务系统，复康会都得到广泛认同。1986 年以来，复康会已连续 6 次被委任为世界卫生组织亚太地区复康协作中心，在中国内地所提供的培训项目享有卓著的声誉，并受邀为多个国际机构提供康复顾问服务。复康会是城市社区康复的首位倡导者，从 1980 年开始，与世界卫生组织合作在亚太地区推动社区康复，工作范围包括拓展复康培训计划、制作教材、提供咨询服务、发布信息和提倡社区康复。虽然我们把资源集中在中国内地的培训项目上，但仍与亚洲及太平洋地区的复康机构保持密切的联系，支持彼此的复康服务。

世界卫生组织复康协作中心深信社会上的残疾人士和儿童都能跟其他人一样，参与各类活动及服务，因此积极向以下目标迈进：

（1）提倡所有残疾人士和儿童应在一个有社区支持网络的家庭中长大；

（2）鼓励儿童福利机构把复康服务延伸至社区，发展社区活动；

（3）加强医院及复康中心的早期支持，并令服务更加全面；

（4）改善为残疾人士，包括长者及慢性病患者而设的社区复康服务。

1.3　四川大学华西医院简介

华西医院，全称为四川大学华西医院，是位于中国华西地区的著名大型三级甲等医院，是当今全世界单点规模最大的医院，也是中国高等医学教育重要基地，是集医、教、研为一体的综合性教学医院。华西医院起源于1892年的仁济、存仁医院（加拿大英美会、美国美以美会创办），1914年私立华西协和大学成立医学院，将其作为教学医院。经过百余年的发展，华西医院已经成为一所学科门类齐全、师资力量雄厚、医疗技术精湛、诊疗设备先进、科研实力强大的综合性研究型临床医学院及教学医院；1990年被卫生部评定为三级甲等医院。目前，医院医疗用房有40多万平方米，床位4300张。在"5·12"四川汶川特大地震后，华西医院成为灾民救治和康复治疗的应急中心，亦指导各地震灾区医疗系统进行现代康复治疗。

2　重要的理念及概念

2.1　自我管理（Self-Management）

"自我管理"的概念[①]，主要是基于美国斯坦福大学病人教育

---

① Kate Lorig、David Sobel、Viginia Gonzalez：《慢性疾病自我管理手册》（第二版），陈琼珠、潘经光、龙丽贞译，香港复康会，2009。

中心"慢性病自我管理课程"中的模式及概念。自我管理应用于医疗及康复方面是一套协助慢性病患者建立信心、采取行动去照顾自己的卫生保健理念。"自我管理"一词最早出现于 20 世纪 70 年代，在 90 年代由美国斯坦福大学病人教育中心的 Kate Lorig 教授发扬光大，研发出多个慢性病自我管理教育服务模式，其中佼佼者为"慢性病自我管理课程"。在该课程推出后做了大规模的成效研究，取得了非常好的成果。之后，这套理念及课程在美国、澳大利亚、欧洲、亚洲各国/地区均得到普遍应用，并被翻译成多种语言，为病人教育及管理自己的健康问题翻开历史新的一页。

在这套理念下，实行自我管理的六大原则包括：

- 了解自己的健康状况；
- 积极地与医护人员规划康复计划；
- 按照共同拟订的康复计划执行；
- 留意及处理任何有关的症状；
- 积极面对因健康问题带来的身体上、情绪上及社交上的影响；
- 实践健康的生活习惯。

在课程中，自我管理是希望残疾人士可以通过自我管理设定目标或方针，去面对及应对因健康受影响而引致的不利处境，并与残疾/病患共存。主要特点有：

（1）基于患者现有的或要面对的问题。

（2）要建立及提升自信心（自我效能），去达到 3 个目标或方针：

- 疾病管理；
- 角色管理；
- 情绪管理。

（3）目标是妥善利用医护服务或设施去改善生活质量。

疾病管理、角色管理及情绪管理方面的具体任务包括：

（1）疾病管理——在医疗方面的自我管理

- 了解自己的健康问题和身体状况，透过不同的渠道，例如询问医生、上网、阅读有价值的参考书籍及报章、参加健康讲座及与病友交流等，争取掌握更多的讯息；
- 了解自己的治疗方案，特别是自己可以在生活上如何配合有关治疗，如按时及按医生嘱咐用药、进行康复运动、饮食上加以节制、家居运动、关节保护等；
- 留意病情的变化，在复诊时或者有需要时向医护人员报告，好让对方适当调整相关的治疗方法；
- 在考虑采用中医或其他的治疗方法之前，先与医生商量，仔细分析其可靠性、好处及坏处，以免得不偿失。

（2）角色管理——在维持日常生活方面的自我管理

- 身体残疾或患有慢性疾病，在不同程度上会带来角色的转变或生活上的不便。我们虽然不能选择不患这个病或没有这个缺陷，但可以选择如何去适应，想办法继续自己的生活，特别是去做一些对自己身心有益、有意义的事情。
- 不要将注意力集中在做不到的事情上，相反，要集中在自己仍可以做的事情上，肯定自己。

（3）情绪管理——在处理情绪方面的自我管理

- 明白疾病不但会带来生理上的影响，同时也会带来心理上的障碍，造成困扰。情绪上的起伏是正常的现象，但需要学习适当地管理自己的情绪，包括采用不同的方法，去舒缓自己的不适或在需要时寻求帮助。
- 保持与家人、朋友、医护人员的沟通，让他们了解自己的情况，在需要时，寻求支持及帮助。

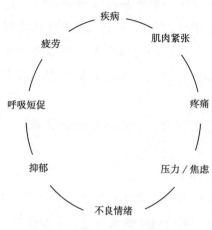

图 4 - 1　身心症状循环图

2.2　社会包容（Social Inclusion）

社会包容的目的是消除歧视和误解，促进残疾人士重新融入社会。要达到这个目标，需要同时改变残疾人士、健全人士以及社会环境。故此，社会包容的理念分为四个层面的增权（empowerment）。

- 在个人层面，旨在了解个体的需求、面临的困难、价值观和心态，并建立工作员与服务使用者的关系，以满足实时的需要；
- 在人际层面，通过发掘共同的问题以及个人的优点和缺点，希望能够发展自助以及解决个人成长问题的知识与技巧；
- 在微观的环境及组织层面，关注服务输送的问题，确保资源的提供以及评估的公正性，并改变中间层次的系统；
- 在宏观的环境或社会政治层面，重点在于政治系统与社会政策，因此需要从事社会行动以改变社会。

在个人层面，每个残疾人士都要从个人走向小组、群体，建立彼此之间的纽带，形成互助支持的网络。达致集体层面之后，在残疾人士群体与健全人士、整个社区之间搭建桥梁，促进彼此的沟通与了解。无论残疾人士还是健全人士，在社区中的参与都是平等的。这是一个增权的过程，双方互为对象，也都是发动者。

具体来说，增权有三个层面、四个要素。增权的三个层面包括：

（1）弱势群体本身

面对弱势群体本身，工作目标在于增强他们的能力、信心、自我认同感。这同时可以降低无力感，令服务对象有权力、有力量去掌控自己及环境。在某种意义上，权力也等同于个人的适应能力。因此，我们着重提升服务对象的自我意识及主体意识。从功能主义的角度来看，这也是一种基本的人权/民权运动，属于公民权利（citizen entitlement）的保障和提升。增权的第一个层面，就是要增强弱势群体本身的权力。

（2）弱势群体所处的社会权力关系

弱势群体的出现和定义，其实是权力压迫者（dominator）与被压迫者（dominated）之间的社会关系造成的。而阶级、性别、族群是社会分层中权力分配的重要元素。所以，改变压迫者与被压迫者之间的社会关系，以去权（disempowerment）的角度来思考被压迫者的困境，才能重新平衡双方的角色和关系。增权的第二个层面，是要通过重整社会权力关系，来达到增强弱势群体权力的目的。

（3）整体社会以及弱势群体的世界观和价值观

增权的第三个层面，是希望改造权力，使之成为正面的力量。权力不是单向制约的力量，不是决定某一个群体非黑即白、非富即贵的标准。因此，我们强调平等和合作，倡导以关怀替代压迫和竞争关系。努力通过创造和谐社会，来真正增强弱势群体的权力。

增权过程中的四个要素包括:

- 态度、价值观与信念。我们看重和相信:自我效能、自我行动的自觉意识以及自我价值的信念。

- 共同经验的确认。我们要了解到个人的经验不是独特的,大家是有共通性的。在降低自我谴责的同时,要寻找自我失败以外的原因,从而产生命运共同体的感受,达到意识提升。

- 批判思考所需的知识和技巧。我们需要思考问题的内在及外在层面,同时认识宏观结构及其影响。希望这个过程可以帮助我们反省价值观、信念与态度及其如何产生影响的问题。

- 行动。落实在行动上,我们需要发展行动策略,培育必要的资源、知识与技巧。

四个要素缺一不可,关系亦不是直线型的,也没有哪一个最好。

促进社会包容也需要增加社会资本(Social Capital)。社会资本是一种无形的,人与人、人与群体、人与社区之间互动的资本,可以投资,不断扩大。要增加社会资本,就需要残疾人士与健全人士共同参与。其中,残疾人士自己走出来推动至关重要。互动的过程远比结果重要。

社会包容是创建和谐社会的必要条件,也是社群自身相互关爱互助的基本需要。但同时,社会包容也是残疾人士融入社区的基本权利(human rights)。让伤健双方都明白并践行,这对社会包容的稳健性与长久性有决定性作用。故此,循序渐进但持之以恒的政策倡导(advocacy)是不可或缺的。只有从政策上、法律上确立残疾人士应有的权益,才能普及地、长久地促进社会包容。

2.3 自助互助（Mutual-Aid and Self-Help）

互助小组［Mutual Aid & Self Help（MASH）group］源于北美，是促进参加者成长的自助互助小组模式，应用于不同类别的社群，例如残疾人士及丧亲家庭等。应用于社区康复方面，互助小组是指有相似经历的康复者及其家属组成的小组。小组由组员共同负责，透过分享经验及有关信息，增强组员的相互支持，令组员积极面对残疾/疾病及适应社区生活。

在自助活动中，要不断重申大家的"共同经历"。因为"共同经历"更有助于组员接纳自己残疾/患病的事实。故此，活动中会安排每个组员详细分享病情。虽然组员都患同一疾病，但每个患者却有不同的病情，了解这些区别，有助于组员纾解"不愉快"的心情。同时，活动中会维持积极和鼓励的气氛，令组员即使"有时气馁"，也"永不放弃"。

何谓自助互助？

- 相同的困难、处境、背景或面对相同的经历；
- 愿意一起找寻适应方法或解决途径，强调互相扶持及帮忙；
- 着重信息交流和沟通；
- 共同迈向同一目标；
- 施加与接受过程受到同等重视。

自助信念是什么？

- 每一个人都有能力去改变及成长；
- 每一个受助者最终可成为助人者；
- 助人的过程给助人者的帮助更大；
- 助人的过程最能助己（Helper Therapy）；
- 接受服务者同时为服务提供者；
- 助人之潜能及资源无限。

自助小组的功能是什么？

- 情绪支持；
- 教育及信息交流；
- 组织文娱活动；
- 提供组员福利；
- 增强组员适应能力，使之融入社会；
- 政策关注及倡导；
- 促进专业合作。

自助小组的成效如何？

- 减少精神病症状；
- 减少使用专业服务的次数；
- 增强应对疾病的能力；
- 增进生活满足感；
- 减少住院日数；
- 增强解决问题的自信心；
- 提高病人自我的接纳程度；
- 增进组员间的友谊及归属感；
- 重新探寻精神需求（spiritual need）；
- 增强公民社会意识；
- 减少使用医疗资源。

2.4 跨专业合作（Interdisciplinary Cooperate）

跨专业合作在社区康复工作中十分常用，主要由于我们常以"社会中的人"这一宏观视角理解服务对象的处境和需要，以及这些需要之间的关系。以残疾人士为例，他们的需要较集中于医疗及社会系统，如医疗、康复、家居改装、生活适应及援助、学业和就业、社交和日常生活、家庭关系等。为了更有效地整合医疗康复及社会领域之服务及工作，我们也就由治疗师及社工等专业人员组建项目团队，本着共同的"社区康复"理念和目的，发挥各自专业独有的功能，共同运作推展服务。经过各专业间充分沟通，共同为服务对象拟订适合的介入方法。

跨专业合作能够发挥"一加一大于二"的效果，其好处在于便利专业间的交流沟通，能够顾及服务对象的身、心、社、精神（spirit）的"全人健康"① 需要，提供跨专业之整合性服务，令服务更加融合紧扣；而且便于残疾人士一次性得到各方面的服务及知识，尤其是在地域较广及无障碍设施还不算完善的灾区，这是较理想、便捷的模式。

理想中，跨专业合作体现为以下四个阶段。

1. 单专业（Unidisciplinary）阶段

在此阶段中，面对服务对象的全面照顾需要，不同专业的工作人员并没有互动。在介入过程中，由于专业不同，他们是分割而没有联系的。大家在不同的时间与空间中为服务对象提供服务。因为分属不同专业，大家之间的界限清晰，绝不干涉，也自认为不必过问其他专业对服务使用者的介入。不同专业的搭配固然对服务对象有好处，但彼此割裂的介入角色并不能够全面照顾到服务对象的需要。大家只着眼于自己专业范畴内的工作。

2. 多种专业（Multidisciplinary）合作阶段

这个阶段的合作，尝试引入多一些的合作与沟通。因此，不同专业之间会互相转介或共享数据。但这种交流是自发的，没有统筹者，也没有管理者。所以，更多的情况是，不同专业人士在介入过程中的串联是基于转介流程或数据参考，而非以服务使用者为本（client-centered）的核心考虑。

---

① "全健"（Wellness）即"全人健康"，当中包括身体上（Physical）的健康、心理上（Psychological）的健康、社群上（Social）的健康及灵性（Spiritual）上的健康。

3. **跨专业**（Interdisciplinary）**合作阶段**

跨专业合作开始以服务使用者的需要为中心，并相应做出改变，突破不同专业之间的隔膜与限制。因应服务使用者的需要，不同专业的工作人员会分担统筹协调的角色，带领各专业人士成为一个整合的团队，运用合适的介入策略为服务对象提供服务。这种常态化的合作突破了专业人士各自为政、互不干预的理念。加上服务使用者的需要是变化流动的，这种模式更可加以配合。

4. **贯通专业**（Transdisciplinary）**合作阶段**

贯通专业合作是一种高层次的模式，需要专业人士与服务使用者都高度开放和接纳，才能逐步成型。其中的一个因素是，这个阶段的合作强调专业之间的融会贯通、相互吸收。尤其是在理念层面，不同专业可以互补长短、分担角色。只要服务使用者有需要，不同专业都可以综合性地介入。当然，这是在确保专业操守的基础上进行的。不同专业之间需要有足够的认识、互信与互谅。但从长远来说，这对服务使用者是有好处的，也更有利于全人的照顾。

3　介入模式（Intervention Models）及方法

地震引致超过 7 万人死亡、30 多万人受伤。大量的残疾人口带来庞大的复康需求。地震后，中国政府及不少慈善团体都在灾区重要城镇建立康复中心，致力为伤员提供适切的治疗和复康服务。然而伤员离开康复中心后会回到社区，而社区中的复康支持非常有限，伤员生活面临一定的困难。

此外，此次地震影响区域广阔以致伤员分布较散，包括城镇、乡村及山区，为此，项目采取以社区为本康复模式的服务框架，以能力建设为基石，透过跨专业合作、自我管理、自助互助及社会包容的策略，将社区资源和伤员联结起来，让伤员的基本复康需求能在社区及家庭内得到满足，并且促进本土复康资源的可持续发展。

3.1 以社区为本康复模式

从历史上看，人们在很大程度上从神话或宗教术语角度来理解"残疾"，如认为残疾人是被魔鬼或幽灵附身，在 19 和 20 世纪，医学模式定义残疾为一种个体问题，通过治疗或医疗保健来解决。这些观念在 20 世纪 60 年代受到挑战，随之社会模式形成。残疾被重新定义为"一个社会问题"以及"将残疾人排除在外的障碍问题"。这正好迎合了残疾人运动的发展，他们的口号是"没有我们的参与，不能做出与我们有关的决定（nothing about us without us）"。《残疾人公约》声明：残疾作为一个演变中的概念，是"伤残者和阻碍他们在与其他人平等的基础上充分和切实地参与社会的各种态度和环境障碍相互作用所产生的结果"。

社区为本康复（Community-based Rehabilitation，CBR）概念是世界卫生组织于 1978 年在国际初级卫生保健大会及《阿拉木图宣言》"人人享有健康"之后出现的。2003 年，在赫尔辛基召开的国际社区康复回顾与咨询大会中，以及 2004 年在国际劳工组织（International Labour Organization，ILO）、联合国教科文组织（United Nations Educational，Scientific and Cultural Organization，UNESCO）以及 WHO 的共同文件中，社区为本康复概念被重新定位，是"为残疾人康复、机会均等、减少贫困及增加包容性的社区发展的一种策略"，需要"通过残疾人自己、他们的家庭、组织、社区及相关的政府和非政府卫生、教育、职业、社会和其他服务的共同努力，以促进社区康复项目的完成"。社区为本康复模式的几个重要理念为：

- 处理残疾人的基本及特殊需要；

- 从个人层面扩展至社区层面；

- 包容性需要从社区做起；

- 增强家人及社区人士对残疾人士的承担力；

- 由社会融合延伸至社会包容；

- 由消除障碍延伸至残疾人主动参与；

- 倡导自力更生、均等权力及机会；

- 扶贫；

- 全面安康。

社区为本康复结构图（Community-based Rehabilitation Matrix）（见图 4-2）系统地展示出残疾人在社区中的不同需要，包括健康、社会、赋能、谋生及教育五个关键部分。结构图被设计成为可以选择最适合当地需求和资源、最迫切需要解决的问题的路径。保证残疾人能从所有这些层面中受益亦是至关重要的。

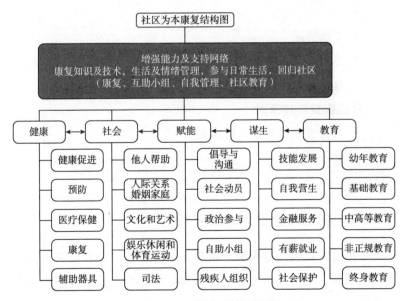

图 4-2 社区为本康复结构图

在社区为本康复模式的推动过程中，在遵循社区康复原则的基础上，再结合不同的社会工作方法和步骤，以达至社区康复的最终目标。我们尝试于下一章节详细介绍在社区为本康复模式中常用的社会工作手法。

社区康复原则遵循：

残疾人权公约的原则

- 尊重固有尊严和个人自在，包括自由做出自己的选择，以及个人的自立
- 不歧视
- 充分和切实地参与融入社会
- 尊重差异，接受残疾人是人的多样性的一部分和人类的一分子
- 机会均等
- 无障碍
- 男女平等
- 尊重残疾儿童逐渐发展的能力并尊重残疾儿童保持其身份特性的权利

社区康复附加原则

- 包括自我倡导在内的赋能
- 可持续性

3.2 灾难与社区为本康复模式

大部分灾难都会造成很严重的人员伤亡，对社会经济也会造成极大破坏，对个人而言更会造成身心的创伤，需要各方面的支持帮助康复，而社区为本康复模式就是一种相对灵活和"因时制宜"的针对残疾人的康复模式，能够弹性配合灾区的情况及需

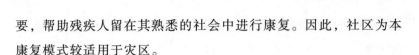

要，帮助残疾人留在其熟悉的社会中进行康复。因此，社区为本康复模式较适用于灾区。

3.2.1　灾难的定义

近年来，世界各地发生了几次重大的自然灾害，如 2004 年南亚海啸、2005 年美国新奥尔良的卡特里娜飓风（Hurricane Katrina）、2008 年中国四川省汶川大地震、2011 年日本大地震及海啸，每次灾难都是伤亡惨重。以南亚海啸为例，死亡 10881 人，至少 645000 人生计受损，15 万间房屋受损，数千人受伤或失踪，受影响的印度尼西亚人口高达 270 万。汶川大地震死亡人数达 69227 人，直接经济损失达 8451 亿元人民币。

林万亿在《灾难管理与社会工作》① 一文中提到，联合国国际减灾策略（International Strategy of Disaster Reduction，ISDR）定义灾难是一种自然、人为环境与社会过程间复杂的互动之下，产生的显著的对人类与永续环境的伤。灾难的特性导致的社会与心理后果包括灾难原因、可预测性程度、恐惧程度、灾难发生位置、损害范围、资源支持的无限持续。灾难通常具有以下几种特性：

（1）突发性（suddenness）：有些灾难在发生前有 2～3 天的预警期，如台风、飓风、洪水、火山爆发、干旱。但是，有些灾难的预警期很短，如地震、爆炸、大火、飞机失事、火车相撞等都是突然发生。

（2）不熟悉（unfamiliarity）：人们虽然见识过不少灾难，但是它终究不是生活中熟悉的事物。每一次灾难发生，往往都带来新的体验。

（3）难预料（unexpectedness）：台风会不会带来暴雨？暴雨

---

① 林万亿：《灾难管理与社会工作》，《社区发展季刊》2010 年第 131 期，第 50～67 页。

会不会带来泥石流？泥石流会不会经过民宅？虽可预测，但难精准推测。

（4）地区性（highly localized in scope）：灾难通常是地区性的，如地震不可能单将一间房屋震倒，水灾往往淹没全村、全乡镇，甚至几个乡镇市都受害。

（5）重伤害（harmfulness）：灾难会造成人员伤亡、财产损失、社区瓦解、环境破坏等多重后果。

3.2.2　灾难对人的影响

根据台北市社区心理卫生中心编著的《灾难心理卫生工作手册》[①]，灾难对个人、家庭、组织、环境生态都可能造成严重的伤亡及破坏。

- 生命受威胁：灾难轻者造成伤害，重者致残，甚至死亡。
- 家庭失功能：成员伤亡特别是家庭经济支柱死亡或残疾，而导致家庭解散重组。
- 财产损失：灾难造成房屋、农作物、生财工具受损，土地流失，贵重物品、现金损毁，等等，也可能因失业、歇业而造成经济损失。
- 组织解组：灾难可能重创组织（如企业、学校、政府等），使组织失去正常运转能力，或造成组织的冲突，或组织的无效能。
- 环境破坏：桥梁、道路、森林、生物、山脉、海洋、河川都可能受到破坏，影响生态平衡。
- 灾后创伤：灾难受害者往往因个人或家庭的生命、财产受到威胁，或社区生活遭破坏，或其所依赖的组织解体，以及个人经历到的惊恐而形成灾后创伤或人体正常功能受

---

① 台北市社区心理卫生中心编著《灾难心理卫生工作手册》，"行政院卫生署"，2009。

损，其症候包括：生理病变，如胃痛、痉挛、退化、麻木、活动功能丧失、疼痛等；心理病变包括过度悲伤、愤怒、自责、退缩、沮丧、焦躁、抑郁等；以及社会的伤痛，如人际关系疏离、支持体系瓦解、经济不安全、家庭解组、社区崩溃、失依、失业、失学等。

3.2.3 社区为本康复模式如何配合灾难的特性和灾后需要

（1）社区为本康复模式能响应灾区大量因服务供不应求而失去支持的残疾群体的需要

在灾难发生后，大量已经被安置（临时住所或亲戚的家）的灾民及伤员，大多数很少甚至完全没有得到后续的康复治疗和跟进，但他们却还有很多生理上的问题。他们只能被动地等待援助，因为他们所处的社会在灾难后失去秩序且因伤亡太严重而导致服务供不应求，这些情况在发达国家也会出现，但发展中国家所面对的情况更严峻。即使地方医院的员工有时间去服务，也没有康复方面的经验。这些病人的情况包括骨折延迟愈合或不愈合、脊髓损伤、截肢、周围神经损伤、脑外伤等，其中很多人都有关节僵硬和肌肉无力等情况出现。

此外，大部分灾民所得到的免费医疗和康复治疗只是短暂的。事实上，即使治疗没有结束，服务也不会包括提供辅助用具、矫形器、合适的轮椅，环境调适，帮助重回学校或工作岗位、家庭重构，进行生涯规划、社会关系重组等部分及有关费用。

以四川汶川地震为例，地震后仍然有很多被忽略的群体。透过福幼基金会于江油的调研，以及江苏省康复医疗队对1000名伤员进行的社区调查，我们发现大部分肢体骨折、周边神经受损及软组织受伤的病人现在都住在临时搭建的房屋或帐篷里。他们中的大部分人的关节及其周围软组织粘连、关节挛缩、肌力低下，15%～20%的病人需要进行第二次手术，一半的病人需要进行内固定或外固定支架拆除的简单手术。但是，其余的一半病人因为骨折不愈合、骨组织缺血性坏死、形成异位骨或身体有大范围疤痕，需要进行第二次及第三次较复杂的手术。这些伤员手术后必须立即进行康复治疗，否则将会错过康复的黄金时机。

在截肢的伤员中，有相当部分于四川省外接受义肢服务后便没有得到后续的跟进。而那些双截肢的伤员极需要合适的轮椅，并接受有关位置转移的训练，他们的家居、工作单位或学校亦需要有适当的修整以回应他们的需要。此外，他们当中亦有很多人需要心理辅导。

而大量的脊髓损伤及脑外伤的患者，他们中的大部分：

- 不懂得如何处理身体压力以防止长期卧床致压疮形成；
- 不懂得如何自行做位置转移；
- 出现大小便的问题；
- 没有合适的轮椅；
- 没有得到家居改装的服务，因此部分居住于临时板房及其他市内、县内医院的患者，回家后只能长期卧床；
- 没有任何类型的矫形器（支具）。

在上述情况下，社区为本康复模式能够灵活地派遣专业的康复治疗师到灾区为伤员提供康复治疗服务并跟进、组织伤员透过小组形式进行持续锻炼、改善伤员家居环境以配合生活需要、教授伤员及其家属一些护理及康复知识，重点放在强化地震伤员身体功能的康复上，由康复治疗师到伤员家中进行社区康复训练，鼓励伤员居家康复及照顾，并且向灾区卫生、福利及其他服务机构提供康复指导培训及支持等。这些方面，都能在很大程度上帮助伤员解决身体功能恢复及居家环境改善的问题。

（2）社区为本康复模式能响应灾区残疾群体的全人需要

在灾难发生后，居民除了要面对痛失家园和至亲的心灵创伤外，更要面对不同程度的身体损伤及残障，以及个人及家庭的巨变。除了帮助灾民重建家园、抚摸心灵的伤痛外，大量的残疾人

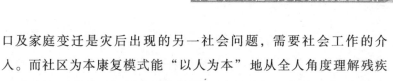

口及家庭变迁是灾后出现的另一社会问题，需要社会工作的介入。而社区为本康复模式能"以人为本"地从全人角度理解残疾人的处境和需要，包括长期或终生的康复需要、社会家庭功能恢复、生活环境及社会状态改善、更新文化面貌等，在这种情况下，社区为本康复模式起着重要的作用。

另外，灾难所影响区域辽阔以致伤员分布很散，如要求伤员长途跋涉到城里接受长期治疗，相信会给他们带来很多的不便，亦会降低他们接受治疗的意愿；同时，毕竟医院或康复中心跟伤员所居住的社区及家居环境不一样，伤员如何能真正回归社会中生活及康复，相信机构为本的康复模式会有很多的限制。相反，社区为本康复模式机动性较大，服务更能切合当地情况及伤员需要。

很多研究亦指出，急性治疗和机构为本的康复模式，一来成本昂贵，二来缺乏社区和使用者参与，并未真正使伤员身心康复、社会功能恢复，故此，社区为本康复模式可有效地将社区资源和伤员的优势联结起来。加上伤员被组织和动员起来，建立一个支持网络，透过互助力量进一步承担起住院以外的康复服务。相信伤员增权的过程，除了能提升他们的自信心及价值外，亦能有效动员社区居民的力量，互相关心、友爱。

灾难是重大的社会事件，引起世界各地及各国家政府的高度关注，同时亦让人们及社会的残疾意识觉醒。因此，社区为本康复模式的推广，是向当地医疗卫生系统、残联、机构及社会人士倡导社区为本康复模式及残疾意识的重要契机。

4　操作步骤及实务示范（Operational Steps and Practice Illustration）

社区为本的康复必须在社区内进行，我们对社区的理解有两个层面：第一，是有形的社区——地震灾区；第二，是无形的社区——残疾人士与慢性病患者。这两个社区都是项目希望发展的目标对象。尤其是残疾人士与慢性病患者这一无形的社区，项目在促进这个群体发展的同时，更希望其将来可以融入有形的社区，并自行运作。

4.1 社区发展工作四阶段操作步骤及实务示范

要进入社区发展工作牵涉不同的步骤，主要的操作步骤是：动员→组织→巩固→维系。希望通过这四个阶段的部署与介入，循序渐进地达成目标。

通过一套理念清晰且操作性强的模式，项目各服务点都能朝着一个目标明确地按计划推进工作及服务；虽然项目的服务点各有不同，如临时安置板房、医院、残联康复中心、农村等，但各推展阶段都达致项目预期的目的、效果，包括：成功接触及组织伤员；构建病人自助互助平台，让病友在同路人支持下积极面对残疾；透过各种形式的康复训练及活动，提高病人自我管理能力及康复的意识；建立社区互助网络，加强社区与康复相关部门的协调联系；举办大型社区活动，有效地提高社区的社会包容意识，为残疾人融入打造更为和谐的环境。

表 4 – 1　社区发展工作四阶段操作

	动员 （Mobilization）	组织 （Organization）	巩固 （Consolidation）	维系 （Maintenance）
工作 手法	外展社会工作 社区工作	社区协作 跨专业团队个案跟进	推展自助互助网络 能力建设	社区教育
策略 目标	与地区组织和服务对象建立初步关系	使服务使用者之间建立联系，构建支持网络	在服务使用者群体与社区之间搭建桥梁	协助领袖与地区组织接手服务，传承经验
预计 时间	3～6个月	6～10个月	6～10个月	6～10个月

4.1.1 "动员阶段"主要实务工作方法包括外展社会工作与社区工作

（1）外展社会工作

要更有效地了解社区情况及居民的需要，以及与特定群体进行接触，社工总不能待在办公室内"守株待兔"。因此，在展开工作时，社工主动"走进社区"接触服务对象，是工作中不可或缺的方法。"外展社会工作"在香港较多地应用于青少年服务，近年亦拓展至长者服务。即使外展社会工作模式是以特点鲜明的群体及个人为介入目标对象，与社区工作以整个地域性社区（geographical community）为介入面不尽相同，然而，外展社会工作跟社区工作的开端及场景都是在街头、社区内。而功能性社区（functional community）在某种程度上亦是指向社区内有共同背景、利益及功能等的一群人，故外展社会工作方法亦能有效运用于社区工作实践当中。在本项目中，我们的社工亦要经常穿梭于安置板房、医院、村落、社区，接触居民及展开各种形式的服务。

（2）社区工作

社区工作就是"一种介入手法，也可视为一种特定服务。无论是手法抑或是服务，社区工作都有双重的重点，主要是针对区内（功能性社区或地域性社区）居民的需要，解决社区问题，改善社区环境，提高社区的生活质素。除了发展社区外，也要使居民得到发展，包括提升居民的社区意识，增强解决问题的能力及领袖才能，促进居民参与社区事务，改变社会，等等。从以上所介绍的目标及定义，社区工作是一种较宏观的介入手法，着重促进人与社区、人与社会的关系。社区工作亦涉及社会转变（social change）及制度转变（institutional change）的层面"。①

① 甘炳光、梁祖彬、陈丽云、林香生、胡文龙、冯国坚、黄文泰编《社区工作理论与实践》，香港中文大学出版社，1994。

社区工作是社会工作介入三大工作方法之一。相对于个案工作和小组工作，社区工作所运用的策略较为复杂，除了融合个案工作和小组工作外，还包括社会教育、动员群众和集体参与等。社区工作会透过专业人士、政府部门、民间组织的介入，动员区内居民参与，整合区内外的资源，解决地区问题，改善服务设施及环境，提高居民的生活质素。本项目运用社区工作方法是要重建居民的社区归属感（belongingness），通过参与，提升自我效能（self-efficacy）。

4.1.2 "组织阶段"主要实务工作方法包括社区协作与跨专业团队个案跟进

（1）社区协作（community collaboration）

残疾人的需要和问题是多元化、多面向的。残疾人处于个人系统、社群系统和社会系统①之间，没有单一的机构能完全满足他们的需要，帮助他们解决问题。因此，通过社区协作模式，促进社区内外各系统（包括医院、学校、家庭、社区中心、政府系统如残联、村委会、康复中心、NGO、病人组织等）间的合作、沟通和串联，便能更有效地运用社区网络及整合各种资源，将合适的服务引入社区；为残疾人士及其家庭提供到位的社区康复服务及支持，同时也扩大了残疾人士的社会参与面。

（2）跨专业团队个案跟进

个案跟进的主要目的是了解服务使用者在家庭和社区环境中的康复情况，并与服务使用者建立关系，进一步提供后续服务。在跟进探访的过程中，资源中心一方面会提供个人化的直接服

---

① 个人系统（microsystem）指个人本身先天与后天的情况，如残疾人身体上遇到的残障；社群系统（mesosystem）指家庭、祠堂、学校、朋辈、教会、社区中心等；社会系统（macrosystem）指社会政策、经济、文化、价值观等。

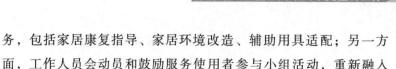

务，包括家居康复指导、家居环境改造、辅助用具适配；另一方面，工作人员会动员和鼓励服务使用者参与小组活动，重新融入群体与社区。

通过不同的途径，资源中心成功掌握了服务范围内地震伤员的资料。这些途径包括：医院转介、地方残联转介、地方慈善团体转介、社区宣传活动中发掘以及地震伤员和社区人士介绍转介等。

在个案跟进方面，服务使用者所得到的不仅仅是物质资源（辅助用具、家居改造材料），更能得到适合他们的专业治疗师给予的专业意见，令他们更正确、更好地使用康复用具，并发挥自己的主动性，积极踏上复康路。

在小组动员方面，家访为服务使用者提供直接的信息与动力，令他们了解到有一座桥梁可以协助他们重新踏入社会，那就是专为地震伤员所设的自我管理课程、所组建互助小组及为他们提供的其他一系列的服务。

具体提供家访服务的核心工作人员，是各服务点驻点的社区康复协调员，他们绝大部分是社会工作者。无论是崎岖的山路、广阔的乡村，还是临时板房区，社区康复协调员都一一踏足，成功到访有需要的家庭，又或组织服务对象在交通便利的地方聚会，会同治疗师一起了解个别的需要与困难。而治疗师则通过社区康复协调员的统筹，游走于各个不同的服务点，流动地为有需要的服务对象提供服务。

家访及跟进探访的服务成效是显著的，直接在实际家居环境中为服务对象提供适切的服务，同时，这也为之后的工作打下了坚实的基础。

4.1.3 "巩固阶段"主要实务工作方法包括推展自助互助网络与能力建设

（1）推展自助互助网络

自助互助是社区照顾（community care）中的一项重要元素。社区照顾强调支持网络（support network）的重要性，期望能让服务对象在社区内接受照顾（care in the community）和由社区负责照顾（care by the community）。通过这个过程，服务对象能更有信心继续留在自己的家庭和社区生活，而家庭和邻里亦能满足服务对象的关怀和照顾需要。我们会策动残疾人士及其家庭、邻居、区内的志愿者共同参与，传递自助互助信息。当然，我们较多地为有相同经验和遭遇的人士建立互助小组，使他们能以自助助人的方式达到心理及社会上的互相支持；又或是通过一些社区活动，加强社区居民之间的互动和了解，促进社区和谐关系和互助行为的形成。

（2）能力建设（Capacity Building）

就社区康复服务的必要能力、知识及理念提供培训及技术转移，包括：志愿、策略、组织能力、系统及基础结构、人力资源、组织结构与文化等，由当地机构或互助小组承接，运用适应当地特点的形式，持续在本土由当地人延续及发展。

4.1.4 "维系阶段"主要实务工作方法为社区教育

本项目中的一项工作，就是透过各种社区教育活动，提升残健共融及居民互助关怀意识，以及倡导无障碍环境的改善。

项目运用社区工作中社区发展的工作手法，由社区动员开始，进而组织残疾人士及社区团体共同建立社区康复网络。随着项目进入巩固期，不少成果慢慢浮现，变得明朗。以下是两个典型的示范例子：一个是城市模式——都江堰；另一个则是乡村模式——陈家坝乡。

在板房区举办的康复训练讲座

a. 都江堰

阶段	动员期	组织期	巩固期	维系期
	4 – 9/2010	10/2010 – 2/2011	3 – 9/2011	10/2011 – 1/2012
具体工作	• 4/2010 于板房区建立服务点 • 4 – 6/2010 通过家访动员残疾人并开设社区康复课程 • 7 – 9/2010 定期开展残疾人小组活动 • 9/2010 与社区其他伙伴建立关系，合办社区共融活动	• 10/2010 正式成立互助小组 • 12/2010 与社区伙伴深化合作，双方共同推动社区教育 • 1 – 2/2011 协助板房残疾居民搬迁至永久性住房	• 3 – 9/2011 持续为搬迁至永久性住房的残疾人提供服务 • 3 – 6/2011 培育互助小组领袖并赴港交流 • 3 – 6/2011 组建残疾人义工服务队 • 6/2011 举办大型社区包容活动：无障碍城市定向活动 • 3 – 9/2011 拓展社区康复网络，与更多的当地机构合办社区包容活动	• 10/2011 – 1/2012 残疾人义工服务队推展服务 • 10/2011 – 1/2012 互助小组领袖更独立自主 • 10/2011 – 1/2012 拓展社区康复网络

续表

阶段	动员期	组织期	巩固期	维系期
	4 – 9/2010	10/2010 – 2/2011	3 – 9/2011	10/2011 – 1/2012
成效	• 成功与居民建立关系并开展服务 • 与社区其他伙伴联系，构建社区网络 • 成功建立第一个残疾人小组	• 成功建立互助小组 • 协助残疾居民搬迁 • 持续建立社区网络	• 初步培育互助小组领袖 • 建立义工服务队 • 拓展社区康复网络 • 进一步推动社区包容	• 推出残疾人义工服务 • 推动互助小组独立 • 拓展社区康复网络
服务特点	都江堰的服务推展相对顺利。除了服务对象居住较集中之外，项目也成功地与当地多个政府或非政府机构建立了良好关系，形成互相转介、合办活动的良性循环。通过两年的第二阶段服务，都江堰的社区康复网络从无到有，发生了很明显的变化。			

b．陈家坝乡

阶段	动员期	组织期	巩固期	维系期
	4 – 9/2010	10/2010 – 2/2011	3 – 9/2011	10/2011 – 1/2012
具体工作	• 跟当地NGO建立合作伙伴关系，学校建立服务点 • 与当地村委会建立关系，逐家逐户进行探访 • 9/2010组织当地地震伤员举办复康工作坊	• 11/2010在另一村落举办第二次慢性病患者复康工作坊 • 组织伤员成立太极训练小组 • 与当地NGO及村委会合办社区文化活动	• 3/2011太极小组转型为"夕阳红太极互助小组"，并选出小组领袖 • 3 – 5/2011发展第三个村落的服务对象，进行第二阶段"洗村"工作 • 3 – 9/2011于村内以"健康讲堂"形式进行社区健康教育活动 • 3 – 6/2011培育互助小组领袖并赴港交流 • 6/2011与村委会合办伤健共融运动会 • 9/2011举办第三次复康工作坊	• 使"夕阳红互助小组"继续稳定发展，保持独立性 • 继续提升村民的健康及互助意识 • 稳定及拓展社区康复网络

阶段	动员期 4 – 9/2010	组织期 10/2010 – 2/2011	巩固期 3 – 9/2011	维系期 10/2011 – 1/2012
成效	• 成功跟当地社区系统建立合作网络 • 成功透过工作坊建立病人网络	• 互助小组显露雏形，有效推广自助互助网络 • 有效促进社区协作及资源整合	• 初步培育互助小组领袖 • 拓展社区康复网络 • 进一步介入社区，推动社区教育及倡导工作	• 推动互助小组独立 • 拓展社区康复网络
服务特点	陈家坝乡是绵阳市郊区乡，地广人稀、天气恶劣及村民受教育水平不高是初期工作面对的难题，但同时，农村亦是一个服务自由度较大的社区。经过社工锲而不舍地"洗村"及跟当地村委会等建立合作关系，淳朴的村民对社工开展的工作非常接受及认同，工作推展亦变得顺利，成效显著。			

4.2 重要工作理念之实务示范

项目在不同的阶段会开展不同类型的服务，而服务的范畴均围绕上文所提及的四个理念。

4.2.1 自我管理

由于"自我管理"概念的一个重要元素是着重"于生活中实践"，将疾病管理、角色管理及情绪管理融于生活场景中，鼓励残疾人运用相关的方法、知识和技巧，养成新的思考方式、行为和习惯。所以，我们会利用一些与生活相关的场景来模拟，增强组员的应用能力。

实务示范：超市购物体验活动

在都江堰、绵阳等较城市化地区，考虑到伤员日常都需要到超市购物，于是便设计到超市进行体验活动。先把参加者分成多组，安排志愿者陪同以考察安全情况，任务是一同到超市购买指定物品。在活动开始前，由治疗师讲解轮椅使用技巧、正确走路和负重的姿势及注意事项。

在活动过程中，参加者除了能学习应用相关的技巧和知识外，亦能重新参与正常社会生活，回归社会，并在完成任务的过程中发挥组员间的互助精神。而且，残疾人一同走进社区，亦起了唤醒集体意识和身份认同作用，并

在都江堰举行的超市购物社区体验活动

间接令社区人士了解残疾人的情况和需要，倡导残健共融的意识。

活动结束后，社工会以小组形式安排组员分享经验及感受，并将"自我管理"中的疾病、角色及情绪管理等元素，以及"自助互助"等作为引导方向，并强调参加者的成功经验，增强其实践动机。而购买来的物品或食物，会安排于小组中享用或作为活动小礼物送给组员。

此类体验活动很受参加者欢迎，原因是大部分伤员/慢性病患者，在受伤/患病后都很少外出，处于"疾病角色"状态，因而，这种集体式的体验学习机会，能在组员们的互动过程中增强他们的自信心、学习适应路人的目光及一同解决过程中遇到的问题。同时，组员亦能通过这些活动建立友谊，推展自助互助小组。这种残疾人"身体力行"地参与社区的活动，亦间接达到社会包容的倡导效果。

操作流程:

时间	活动内容	备注
9：00－9：15	接待参加者	社工提早通知参加者有外出活动,以便穿着合适的衣服,携带合适的用具
9：15－9：30	简介活动安排及注意事项 活动目标: 透过体验性的购物活动,使参加者增强在社区生活的信心与技能,更好地融入社区	社工与治疗师沟通有哪些注意事项,以及突发事件的应对方法
9：30－10：45	超市购物环节	
	1. 参加者被分为2~3组,每组5~6人,根据实际出席人数而定 2. 每组根据事先安排的路线去超市购物并付钱(举例,第1组休闲生活组的路线是饮料→餐具→零食→给钱;第2组日常生活组的路线是大米→酱油→蔬菜/水果→给钱) 3. 每组安排2~3名工作人员以及若干志愿者陪同并观察购物过程,但除非有紧急情况,不要给予购物上的协助 4. 过程中,工作人员可以鼓励参加者发挥集体的力量,一起商量和解决问题,并兼顾大家的感受	社工预先评估在超市内确定路线是否可行、所需时间以及确保有一定的难度,可以达到预期效果
10：45－11：00	回到活动室休息	参加者可以享用买回来的零食和饮料等
11：00－11：45	分享及响应环节 1. 每组参加者派代表出来分享购物过程中的困难、感受与心得等 2. 其他组员补充或提问;工作人员提问或澄清 3. 工作人员给予响应与鼓励,例如:有关社交心理方面的,没信心、害怕歧视目光、组员之前有不同意见等可以由社工来响应;行动不方便、姿势不正确、用力不规范等可以由治疗师来回应。原则上按照不同专业范畴来回应,但也可以互相补充,不必太拘泥于专业分工,我们是跨专业团队	社工带领时可多对参加者分享的经验给予肯定和认同,并注意社工与治疗师之间的配合及互动
11：45－12：00	总结:邀请每一位参加者说说自己学到的东西和感受	提供正面信息,鼓励大家持之以恒

4.2.2 社会包容

由于地震后受伤致残的人口剧增,如何协助残疾人士重投社会是灾区重要的社会倡导目标。妨碍残疾人士社区参与的因素有个人、社会环境及社会政治文化等,所以,社会工作不只是在个人层面推动,还要倡导社会对残疾人的接纳和关怀,并致力于打造方便残疾人士生活的无障碍社会环境。

实务示范:大型社区倡导活动

项目于 2011 年 6 月 6 日在都江堰市举办四川首届"都江堰无障碍城市定向"活动。该活动是参考香港复康会无障碍城市定向活动设计,透过旅程中的经历,让大家了解残疾人士的日常生活需要;透过旅程中的相处,让大家知道如何与残疾人士沟通及同行;透过旅程中的讨论,让大家明白社会需要关心身边所有有需要的人。

游览都江堰动物园

活动将残疾人士、照顾者及社区义工分成若干组,要求他们乘坐不同交通工具在都江堰市内穿梭,并到指定目的地完成指定任务。在过程中,各小组除发扬互助合作精神外,亦要考察社区

　　环境对残疾人士的影响。此活动动员了 60 多位伤健人士参加，而社区人士估计有 200 人。

　　活动完成后，我们把参加者分享的经验及诉求集结成意见集，并转送当地残联，期望当地政府可以多加完善无障碍社会环境。

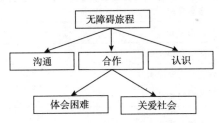

图 4 - 3　无障碍城市定向活动目的

活动指引：

- 小组由 5 ~ 8 人组成，成员包括慢性病患者、轮椅人士、社区义工及工作人员；
- 每组参加者需按抽签结果所指定之路线，乘坐公共交通工具到达多个预先设置的中途站，中途站会设置在人流较多的地方，如高铁站、旅游景区、超市、社区中心等；
- 小组必须完成该中途站指定之团队任务（包括拍照、找数据、环境考察、购物等），方可得到下一任务的地点及内容；
- 活动中包括用午餐，也是参加小组必须完成的团队任务之一；
- 活动过程中鼓励伤健人士之间的互动沟通及观察，并不是以时间快取胜。

活动流程：

- 参加者在都江堰友爱学校集合，启动礼
- 起步
- 完成，返回都江堰友爱学校
- 小组讨论及汇报
- 闭幕礼及总结

操作流程：

环节	时间	内容	
启动礼	9：30 －10：30	**场内：**	
		主持人自我介绍	
		嘉宾介绍	
		机构简介	
		活动介绍	
		主礼嘉宾发言	
		颁发纪念品	
		主题仪式 （1）**倒沙：**邀请嘉宾将不同颜色的彩沙倒进玻璃瓶中，不同颜色的沙寓意为世界是由不同肤色的人种组成，也由残疾朋友和健全朋友组成；倒入一个玻璃瓶的寓意是无论肤色，无论残健，我们都共同生存在一个世界中，同呼吸，共命运，我们应当相亲相爱，互相帮助和包容 （2）**颁发锦囊：**由嘉宾将装有任务指引及各组任务经费的锦囊颁发给各组组长或者代表	
		恭送嘉宾	
		宣布出发	
		出发	（1）各组依次出发
			（2）保护参加者安全
		场外	
		驻点志愿者到达各点，做好准备工作	
城市定向部分	10：30 －15：00	**场内**	
		场外情况记录及应急中心	
		第一步： 用"任务完成记录表"记录场外任务完成时间，如有需支持情况，由工作人员负责跟进	
		第二步： 如有需支持的情况，工作人员商量确定人手安排	
		第三步：外出应急	
		布置闭幕式场地	

续表

环节	时间	内　　容
城市定向部分	10：30 - 15：00	整理活动图片
		闭幕式场地工作人员及志愿者用午餐
		场外
		10 点 30 分参加者从友爱学校出发
		驻点志愿者完成以下工作： （1）颁发下一个任务指引 （2）给需要的小组补给水及药品 （3）小组合影
闭幕礼及总结	14：30 - 15：00	（1）参加者回来前播放活动图片
		（2）安排参加者入座、上洗手间以及领取饮用水
		（3）组长到指定物资领取处，领取各组所需的 A4 纸、笔及大彩纸
		（4）组员将"最深刻的环节""活动感受""别人对待你的态度"以及"描述活动中看到的有障碍设施及改善建议"写在 A4 彩纸上
		（5）小组分享及总结：跟队社工协助组长组织小组参加者分享 A4 纸上的内容，并从小组中选一位参加者作为发言代表
	15：00 - 15：10	播放配乐图片，回顾一整天的活动
	15：10 - 15：50	（1）大组分享：各组派代表报告"最深刻的环节""活动感受"，"描述活动中看到的有障碍设施及改善建议"，组员可补充
		（2）将参加者的 A4 纸收回，装订成册，在活动结束工作人员拍照存档后，赠送给省残联
	15：50 - 16：00	端午快乐：将组员在完成任务的过程中买回的粽子发给每位参加者以及志愿者，作为给大家端午节的祝福
	16：00 - 16：10	合影
	16：10 - 17：00	送部分参加者回家
		收拾场地
	17：00 - 17：30	安排志愿者回家及返校
工作人员检讨会	17：30 - 18：00	检讨

活动能有效动员区内不同的团体及系统参与，包括 NGO、学校、残联等，建立社区联结；在活动过程中，参加者在社区中表达其融入社会的需要，而路人亦在观看过程中了解到社会环境及接纳的重要性。另外，当地媒体拍摄及采访此次活动，有效达到倡导及传播的目的。

4.2.3 自助互助

我们相信，患者才是解决自身问题的专家，所以，应促进患者相互之经验分享及情绪交流，彼此间产生共鸣，并相互支持，使他们更有信心面对残疾及日后的生活。因此，把相同残疾类型的残疾人士组织在一起，再推动他们成为小组的主人翁，肩负起互助小组发展的任务，这是"增权"及"能力建设"最直接的一种体现。

按摩知识之学以致用

（1）实务示范：自助互助小组

在自助互助小组成立之初，或许社工组织者的角色会较强，但社工同时已有意识地邀请组员就小组的活动内容、聚会模式等提出意见。在此过程中，社工强调"分工合作"及"集体意识"，尽量鼓励组员参与小组活动中每一个力所能及的部分。

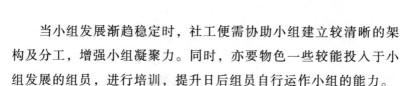

当小组发展渐趋稳定时，社工便需协助小组建立较清晰的架构及分工，增强小组凝聚力。同时，亦要物色一些较能投入于小组发展的组员，进行培训，提升日后组员自行运作小组的能力。

（2）社会工作者如何协助自助互助小组？

社工或负责人在自助互助小组中提供各种技巧训练，例如"正面思考训练"，训练组员用正面而积极的方法理解客观的现实情况，保持乐观和愉快的心情；"探访及朋辈辅导训练"，训练组员与陌生患者交谈、传授关怀和劝喻的技巧；"活动筹划训练"，训练组员计划及筹备各种活动供其他组员参与等的技巧，可令他们扩展视野。

自助互助小组的主体是伤残人士，他们有着共同的经历（既包括身体的也包括心理的）。这种面对相同困难的处境，促使他们互相帮助、互相扶持。参加者可以找到比自己差的组员，也可以找到比自己强的组员。这是一个循环，人人都会有这种比较心理。奇妙的是，如此比较会让参加者更为接受自身的残疾，并发掘可以进步和改善的希望。事实上，这种心态不是专业人士可以带给残疾朋友的，因为专业人士并没有类似的经历与经验。

自助互助小组是一个开放式的小组，会有新的组员加入，也会有老组员因为种种原因退出，包括身体不适、情绪转变、家庭需要、工作需要等。但是，成熟的自助互助小组是有延伸性的。它既欢迎新组员的加入，也会通过家访、打电话、电邮联络等方式关心老组员，延续自助互助的精神。这个过程也是在建立一个自助互助的支持网络，持续地为在社区内康复的伤残人士提供互助平台。

每个参加者的能力和特质都不一样。有些佼佼者是潜在的小组领袖。时机成熟时，工作人员便会果断地慧眼发掘，邀请合适的组员来分担小组的带领工作，包括：策划、联络、组织、筹备、带领等。除了小组领袖自身所具有的特质之外，工作人员也会相应地提供领袖培训课程，强化他们的理念和技巧，使小组领袖更好地服务小组。

小组组员会有新老交替，小组领袖也是如此。良性的流转有助于小组新陈代谢，不断发展。所以，工作人员适时配合小组进程、推动小组更新也是资源中心的一项工作。有些小组较为成熟，工作人员可以顾问的身份在背后推动。当然，这种小组并不多。有些小组则还需时日发展，工作人员需较直接地介入。这部分的工作与定位，资源中心把握得非常好。这也是决定工作成败的关键之一。毕竟，资源中心的目标是将社区康复本土化、持续化，资源中心日后是要交给当地居民自行运作的。可以说，自助互助小组和支持网络的建立正是向着这个目标努力。

这些训练有助于他们以更开放、豁达和接受的态度，理解及看待身边的人和事，配合其他组员在护理经验积累过程中的成长和改变。

此外，活动会保持轻松气氛，这有助于组员表达自己的想法及分享病情。加上定期的自助活动聚会，组员可以温习所学到的护理知识、巩固积极的护理态度，组员彼此间建立感情和支持关系，并增强组员对小组的归属感，等等。这种接近日常生活环境的聚会，使大家能够在一个熟悉的环境中互相学习，再将所学应用于日常生活中时，可消除理论与实践之间的距离，使学习更有效率。加上坚持开放的小组组员参与制度，常有新人参加。不但令受助者变为扶助者，使角色发生变化，更为他们的聚会带来新意，透过扶助新人的经验，建立起自信心，并获得满足感。

无论在农村还是城市，自助互助小组的理念转移及实践都是有效的，而组员亦在自助互助小组中成长并受益。但碍于地震后很多伤员及居民都住在临时性安置板房中，故在小组推展过程中，会遇到板房清拆、组员分散的问题；即使组员愿意继续参与小组，亦碍于四川省内无障碍交通设施不足而影响组员聚会的动机。

另外，在中国文化中较强调"领导"和"权力"，因此，组员均需较长时间掌握"集体"及"民主"的小组理念，并在小组中落实、体现。

在本项目中，各服务点均以自助互助小组为服务主轴，已发展的小组有：

- 陈家坝乡之"夕阳红太极互助小组"，由中风患者及地震伤员组成；
- 都江堰市金光社区之"卡拉 OK 互助小组"，由肢体伤残人士组成；
- 德阳市"手舞足蹈小组"，由地震致残高中生组成。

以下尝试以陈家坝乡之"夕阳红太极互助小组"为例，展示社工如何推动小组的发展。

小组发展阶段	目的	发展任务
动员期	• 跟当地社区系统建立合作网络 • 建立病人网络	• 社工首先跟驻当地 NGO 建立合作伙伴关系，于学校内建立服务点，并与当地村委会建立联系，掌握村内残疾人情况及名单，逐步展开家访工作，以初步接触伤残人士 • 在筛选过后，社工尝试以康复工作坊作为组织当地地震伤员的切入点，因为伤员需要一个平台来聚会及互相认识，这为互助小组的成立做了铺垫
组织期	• 建立互助小组雏形 • 策动自助互助网络 • 促进小组与社区间的联系	• 在工作坊最后一节，社工鼓励参加者成立小组，定期聚会 • 在伤残人士参与讨论下，决定以太极训练作为小组聚会的媒介 • 在小组成立初期，社工积极参与小组的筹备及协调工作 • 当组员关系及小组活动规律渐趋稳定，社工便鼓励组员负责一些简单工作，如场地布置、购买小组茶点、预备太极配乐等，以促进小组组员的参与及对小组的情感投入 • 社工在社区内，亦与驻当地 NGO 及村委会合办社区文化活动，让太极小组组员有机会将所学呈现人前，成为他们坚持锻炼的推动力 • 社工亦协助组员在节日及平时进行家访与电话慰问工作，催化小组组员间的互助支持气氛

小组发展阶段	目的	发展任务
巩固期	• 初步培育互助小组领袖 • 拓展社区康复网络	• 社工在小组发展过程中不时留意对小组较投入、愿意承担及相信小组理念的组员,物色他们作为小组组长,并配合适当训练,如培训一些活动策划方法、技巧等,并以"师徒制"形式鼓励组长及组员互相学习、带领 • 之后,太极小组由以学习太极拳为主的联谊小组,转型为"夕阳红太极互助小组",并选出小组组长负责小组联络及安排工作 • 为进一步培养互助小组组长,安排他们赴港与香港的自助互助组织交流学习
维系期	• 推动互助小组独立	• 继续透过定期聚会、分享等,使"夕阳红太极互助小组"稳定发展,并保持独立性

4.2.4 跨专业合作

跨专业的合作融入社区康复服务的各个层面,包括个人、家庭、小组和社区等。作为团队的一员,不同专业的工作人员共同评估、策划、参与、跟进一系列的社区康复服务。在家访阶段,治疗师主要负责家居康复训练指导,家居环境评估及改造,辅助器械的选择、使用方法的介绍及维修;而社工主要负责家庭关系的协调、情绪疏导等。双方综合评估,把有相同需要、相似疾病的人组织在一起,提供进一步的服务。在小组活动阶段,以服务对象的需要为本,社工与治疗师进行沟通,将康复知识融入社工带领开展的活动中,并由治疗师和社工共同协助服务对象制订周期计划,互相支撑,搭建交流平台。

下面这个真实的个案可以体现跨专业合作的运用及其效果。

跨专业个案跟进示范:

a. **基本数据**

张××,女,68岁,家住都江堰,患有骨质疏松、脉管炎、糖尿病、胆结石等慢性病多年。

b. **背景资料**

服务对象与老伴、孙子生活在一起，有一个女儿和一个儿子，女儿嫁到外地，儿子与媳妇离婚，现在外地打工，留下孙子让老两口照顾；服务对象因为骨质疏松以致多次骨折到医院接受手术，最近一次是在地震中骨折。初次接触时服务对象正在康复中，生活不能全部自理，需老伴照顾，但老伴的身体也不是很好；靠老伴的退休金生活，所以经济负担也比较大。

c. **主要问题**

身体健康问题：由于右腿多次骨折，加上没有正确的康复指导，所以康复得比较慢；

社交问题：身体行动不便导致不能经常出门，所以原来的一些社交关系都受到影响，不能维持；

家庭问题：儿子的婚姻问题和孙子的照顾问题，自己都要去操心，加上经济上的负担，所以心理上负担很大，有一些焦虑，但是又没有地方去宣泄。

物理治疗师在阿坝州家访伤员，并指导伤员在家进行康复训练

d. **问题分析及服务对象的需要**

服务对象的心理及社交上的问题很大一部分都是因为受到身体健康问题的影响，由于康复比较慢，加上长期疼痛，而产生了一些负面情绪，也影响她进行正常的社交，所以服务对象现在的需要主要集中在身体康复与社交网络恢复方面。

e. **服务介入策略及过程**

针对服务对象的介入和服务大致可分为以下四个阶段。

（1）建立关系：社工开始与服务对象接触，进行定期的家访，逐步了解服务对象的背景并评估服务对象的需要，与服务对象建立了良好的关系。

（2）治疗师跟进康复：社工协调时间，安排治疗师家访，治疗师对服务对象的伤处进行初步检查，并有针对性地给予服务对象一些康复训练及护理方法的建议，并将服务对象所用的辅助器具腋杖换成肘杖，赠送了坐便椅，将之置放于卫生间内；之后，社工根据治疗师提出的康复建议，定期到服务对象家里或通过电话提醒、监督服务对象实施康复计划。

（3）帮助服务对象树立康复信心及建立社交网络

①鼓励服务对象参加由社工和治疗师共同举办的"社区康复工作坊"，通过社工和治疗师对社区康复、自我管理等知识的讲解，以及接触其他和自己有共同经历的慢性病患者、共同分享和讨论康复计划，服务对象渐渐树立了康复信心。

②在服务对象初次参加由社工和治疗师共同举办的活动后，社工继续鼓励服务对象参加其他的活动，包括一些慢性病健康知识讲座、残健共融的社区教育活动、外游活动、志愿者培训、互助小组活动等，通过参加这些活动，服务对象逐渐建立起社交网络。

（4）生计服务转介：在服务对象的身体康复情况逐步好转后，社工考虑到服务对象的家庭经济情况，结合服务对象会刺绣这个优势，将服务对象转介到一家专门从事残疾人生计服务的机构，服务对象在那里参加了系统的刺绣培训，现在也可以通过做刺绣，有一点经济收入，减轻家里的经济负担。

f. **效果评估**

通过接受一段时间的服务，现在，服务对象在自理和行动方面有了很大变化，可以自己照顾自己和家人，并且可以自己外出，通过刺绣获得一定的经济收入；社交方面，服务对象现在很开朗，在活动和互助小组中都表现得很投入、积极，并且把自己的老公也带来参加活动，经常是活跃小组气氛的主力。

5 反思与改进（Reflection and Improvement）

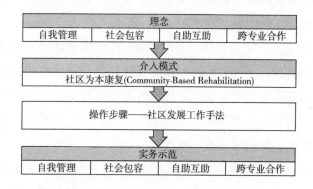

5.1 社区为本康复模式

一个成功的社区康复项目不仅仅能确保残疾人士得到所需的服务，更重要的是社区复康能促进平等参与，让残疾人士获得自信与尊严是项目的最终目标。

四川地震灾区社区康复资源中心通过：①采用医疗模式与社会模式融合，②建立社区资源平台，③组建外展康复团队，④直接提供康复服务及培训、开办自我管理工作坊、组织开展小组活动及社区教育四种策略在地震灾区推行社区康复计划。笔者跟随香港复康会于2011年进行的调查发现，在社区康复的五个范畴中，在健康、社会及增权方面，较多受访者获得满足，同时，亦践行了全人发展（身、心、智、社）及助人自助的服务理念，这表明项目取得了一定的成效。在提供服务的过程中遇到以下种种挑战，亦让我们可以好好学习，不断改进工作。

1. 挑战

（1）社区为本康复模式强调医疗模式与社会模式的融合。在提供服务的过程中，除关注伤残人士个体的身体缺损及医疗性问题外，亦要关注其心态、家庭环境、社区资源支持及保障伤残人士政策的发展情况，工作人员需要时间来调整从前以机构为本模式为主导的康复观念，需要进一步关注服务对象方面的需要。同样，当与其他当地康复单位合作时，要推行社区为本康复理念亦实属不易。

（2）康复治疗师与社会工作者的合作，需要通过不断沟通及建立合作机制，才可顺畅地运作。在医疗模式与社会模式融合的情况下，服务使用者会被要求承担更多"自我责任"及"主动参与"等，可是，他们因受"病患者""受助人"等被动角色影响，需要较长时间才可有一些改变。

（3）社区康复在中国发展了20多年，从城市到乡镇建立了康复中心或卫生站，亦需要大量治疗师如物理治疗师、职业治疗师及言语治疗师来提供服务。然而，上述治疗师的数量仍严重不足，特别是在较偏远地区的社区康复单位，这就导致服务使用者出院后不能持续接受康复治疗。此外，虽然培训当地康复治疗人员亦是本项目的重点任务之一，但由于上述情况或康复治疗人员水平上存在的差异影响了培训成效。

（4）在中国，社会发展依靠自上而下的管理体系，主要以行政手段来推动，但同时，地方部门亦会有某种程度的自主性，国情复杂。本项目的一个服务推行策略是动员及善用社区资源，建立合作平台。在此过程中，需要与地方领导、各部门协作，促使相关民生政策通过时需要足够透明。然而我们发现，各服务地区的管理情况不同，合作单位或各部门之间未能建立有系统的、可持续性的转介机制，所以，在某些地区推行服务时仍会面临一定的挑战。

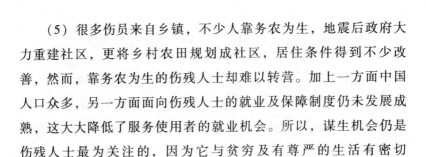

（5）很多伤员来自乡镇，不少人靠务农为生，地震后政府大力重建社区，更将乡村农田规划成社区，居住条件得到不少改善，然而，靠务农为生的伤残人士却难以转营。加上一方面中国人口众多，另一方面面向伤残人士的就业及保障制度仍未发展成熟，这大大降低了服务使用者的就业机会。所以，谋生机会仍是伤残人士最为关注的，因为它与贫穷及有尊严的生活有密切关系。

2. 未来机遇

（1）2008年汶川地震发生后，社区康复受到极大重视，在政府大力推动下，医疗及社区服务单位都积极发展社区康复，医疗人员开始拓展服务理念，如对病人出院后的康复考虑；在患者方面，他们不再仅仅依赖医疗模式的康复服务，而是学习到家居康复技术。此外，社区居民对伤残人士亦加深了了解，不但认同他们需要康复服务，并且进一步地接纳他们。这些良好的条件有助于社区康复的发展。

（2）对伤残人士而言，无论是自己还是他人，都以"服务接受者"或"病人角色"来看待，但在提供服务期间，我们发掘了不少伤残人士成为活动或小组领袖。在此过程中，他们除了得到情绪及社交能力方面的改善之外，亦协助工作人员做了很多协调工作。这让他们重新建立自信，找到生活的意义。在项目后期，他们更成为我们的合作伙伴，一起提供服务给其他人。这个令人鼓舞的成效，为社区康复注入了"与残疾共存""助人自助"及以服务对象为"合作伙伴"的理念。

（3）三年间，四川地震灾区社区康复中心分别在都江堰、青川、北川、绵阳及绵竹五个地区，取得当地机构及政府部门的信任，并形成一定的合作模式，在服务地区已有了一定基础，有配合默契及灵活的工作团队（包括伤残人士），累积了一些服务经验。在此种优势下，服务可再有更深远的发展。

5.2 自助互助、自我管理、跨专业合作、社会包容

自助互助、自我管理、跨专业合作、社会包容是整个服务的支柱。在社区为本康复模式的平台上，这四个支柱使服务更为立体、丰满。这四个方面的介入手法是串联性的，逐步、分阶段实施。服务使用者由被动接受服务的个体，逐渐走向主动，进一步与其他同路人走到一起，最后走入社区、改变社会。这一系列的转变，其实是由上述四种理念逐渐促成的：由跨专业合作到自我管理，由自助互助到跨专业合作。其实，这也是在呼应社区康复以社区为本的理念、以社区发展为方向的策略。

总体来说，这套服务介入手法是全面、有系统、有部署的。运用最直接、简明的手法，达到社区康复的目标。在资源运用上，有效地安排不同的专业介入并促进其融合，而且增强服务使用者自身的主动性与参与性。从长远来说，这为服务使用者增权、逐步自行运作服务打下了良好的基础。

1. 限制

这类服务模式较侧重于小组和群体的介入。对于部分服务对象较个人、深层次的问题，并不直接介入，而是在小组和群体中处理。这对有些比较难接受小组、群体模式的服务对象来说，需要一定的时间来适应。同时，也需要工作人员有足够的耐心和丰富的经验，去与服务对象建立良好的关系。

这类服务模式较多推行一些常规化的服务，例如：自我管理小组及课程、互助小组聚会等。这些固定的模式可以通用，但本身并非为个别服务使用者量身定做（tailor-made）。因此，服务使用者需要按照所提供的服务类别来吸收消化，并从中找到适合自己的操作方法。从实践层面来说，工作人员需要对一些初期参加者给予更多的案例参考与实际指导。

总体来说，社区发展的工作模式对工作人员的要求比较高。

一方面，工作人员要涉猎基础医疗知识、具备专业社工能力；另一方面，成熟的性格以及丰富的人生经验也非常重要。因为这套工作模式需要工作人员与不同专业、不同背景的人打交道，而且需要灵活地面对不同的处境。但是，内地的社工专业尚在发展当中，真正从事前线社工工作的，往往是毕业不久的学生或从其他行业转过来的人员。前者在社工专业实践以及人生经验方面比较匮乏，而且也需要面对很多人生的挑战，如婚姻、生育、住房等方面的挑战，较难以全力以赴、高效地完成工作。而后者（转业人员）对社工专业的认识相对较少，认同相对薄弱，习惯沿用旧有的工作手法。结果可能是"老鼠拉龟，无从下手"，更有甚者，所做的与社区康复模式理念背道而驰。

这套社区康复模式很重要的一个环节，是社会包容需要政府、政策层面存在可以介入的空间。在这方面，内地的历史背景和实际环境并不适合推行此类工作。无论是公众舆论、媒体渠道，还是民众意识、大众支持等，都对倡导工作形成不少限制。即使一些讨论或体验，例如无障碍环境议题等，都往往遭到漠视，甚至反感。

2. 建议

实证研究：这套服务模式，无论是自我管理还是自助互助，在国外以及香港特别行政区都已经有成熟的计划与检讨机制。而这套机制是基于科学验证得来的。在国外和香港特别行政区的社会服务界，实证研究（Evidence-based Practice）很普遍，也是必需的，往往在前线服务中，早就已经植入（build-in）了实证研究的思路。如果这套服务模式在内地生根发芽且进一步发展的话，实证研究当是必不可少的环节。这对宣传、推广、检讨、改良等工作都会起到巨大的促进作用。

专业传承：专业人才是推动社区康复工作发展的重要一环。社区康复是对人的专业，经验与网络是非常重要的。因此，良好的专业团队是服务提供的保障。这包括专业的督导、本土的人才、良好的品牌、稳定的网络，都是必不可少的。从长远来说，在推行服务模式的同时，也是在建立一个专业的团队、建立一个专业传承的体系。

本土支持与体系建立：良好的服务需要扎根本土，长期稳定地存在才能够为社区康复的发展提供良好的环境。因此，本土的支持与体系的建立非常重要。与社区康复有关的利益相关者（stake-holder）是否能够承担共同的使命，是长远发展的关键。具体来说，本土机构在服务购买、财政支持、个案转介、合作模式建立方面，完全可以担当主动、重要的角色。这是改变社区康复只是外来的、昙花一现的最佳方案。

中国地大物博，各地方有不同的文化及生活形态，而社区康复仍处于初步发展阶段，相信未来，中国能够发展出本土化、有特色的社区康复模式，为更多的残疾人士提供康复服务。

参考文献

陈曦、梁秀贞、魏国荣、贝维斯、南登昆编《社会融合的简要步骤——社会康复指南概要》，香港复康会，2011。

甘炳光、梁祖彬、陈丽云、林香生、胡文龙、冯国坚、黄文泰编《社区工作理论与实践》，香港中文大学出版社，1994。

Kate Lorig、David Sobel、Viginia Gonzalez：《慢性疾病自我管理手册》（第二版），陈琼珠、潘经光、龙丽贞译，香港复康会，2009。

林万亿：《灾难管理与社会工作》，《社区发展季刊》2010年第131期。

台北市社区心理卫生中心编著《灾难心理卫生工作手册》，"行政院卫生署"，2009。

第五章　以社区为本的康复社会工作

——以绵竹青红社工服务中心为例

陈涛*　钟丹**

1　机构服务背景

绵竹青红社工服务中心的前身是绵竹青红社工服务站，是"5·12"汶川地震后由中国青年政治学院中国社会工作研究中心在四川省绵竹市的一个受灾群众集中安置点——武都板房区——建立的工作站，具体设址在板房区内的绵竹市东方职业技术学校，依托该校开展面向安置点群众的社区服务。该站由中国红十字基金会"5·12"灾后重建公开招标项目支持建成，获得中国红十字基金会的项目经费资助进行运作与提供服务。该站自2009年4月10日正式建成并启动服务，主要开展以当地伤残人员为主的生计发展扶持服务，至2009年底随着项目到期及灾区安置重建进入新阶段、武都板房区内的居民逐渐搬迁到附近的汉旺新城等而结束。2010年4月，得到中国红十字基金会的第二期项目经

*　陈涛：四川仁寿人，中国青年政治学院中国社会工作研究中心主任、教授，绵竹青红社工服务中心理事长。北京大学社会学学士、香港理工大学社会工作文学硕士、中国社会科学院社会学博士。长期从事社会工作教学及研究，参与农村社会工作及灾害社会工作实务。

**　钟丹：四川绵竹人，中国青年政治学院社会工作学院社会学专业（社会工作方向）2011级硕士研究生。曾作为实习生和志愿者较长时间参与绵竹青红社工服务。

费资助和中国社会工作协会与南都基金会"社会工作服务组织试点工程"的经费支持,绵竹青红社工服务站项目团队向绵竹市民政局申请登记成立民办非企业单位——"绵竹青红社工服务中心",成为正式机构。绵竹青红社工服务中心的地址现在绵竹市汉旺镇,办公场所主要在汉旺新城的"蜀锡清苑"小区内,同时在汉旺镇集贤社区、绵竹土门镇民乐村、北川新县城文化馆等处辟有服务场所。

中心的工作人员团队主要由中国青年政治学院、中央民族大学、中国政法大学、绵阳师范学院等高校社会工作及相关专业的师生组成,随着机构的发展,逐步吸纳当地本土人士包括曾经的服务对象进入工作团队,共同管理、运作机构并开展相关服务。一般来说,前线具体的项目活动和服务工作主要是由相关专业同学以专职、兼职或志愿者等不同身份来承担,当地本土人士也不同程度地参与到机构日常管理、项目运作和一些服务环节的工作中,有关高校的社工专业教师则主要负责提供专业督导,在必要时亦深入前线,共同开展服务。

2009年4月服务站正式启动后,前线工作人员展开了为期一个月的社区调查与需要评估,并形成了《武都板房社区评估报告》。报告显示,武都板房区居民有多种服务需要,在生计的恢复和发展方面需要尤为迫切,而恰恰相应的服务却又相当缺乏,仅有一家机构主要面向清平乡的安置村民提供此类服务。同时,在生计恢复发展方面的协助服务需要又以地震伤残人员和其他残障人士最为突出,因为他们靠自身满足此类需要的困难尤大。基于此,同时考虑扶持开展生计发展行动不仅可以回应这些群体迫切及长远的实际生活关切,而且能借以助其摆脱其他心理情绪问题,促进身心恢复与整体调适。服务站初步明确实际的服务方案将以地震伤残人员和其他残障人士的生计发展扶持服务为内容,而服务对象以武都板房区中汉旺镇和天池

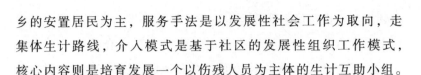

乡的安置居民为主，服务手法是以发展性社会工作为取向，走集体生计路线，介入模式是基于社区的发展性组织工作模式，核心内容则是培育发展一个以伤残人员为主体的生计互助小组。

2009 年 5 月，前线团队在"团结社区、发展生计"的口号指引下，开始进行社区组织第一阶段的工作。通过多种途径接触了解，确定了既有较强烈的发展生计意愿，又有一定行动能力的 10 位居民，准备以他们为基础组建"青红家庭生计互助小组"。前线工作人员综合考虑各种因素锁定的这 10 名小组组员中，女性 6 名、男性 4 名、地震伤残人员 7 位、震前即为残疾人 2 位，另有 1 位为健全人士，但其孩子在地震中遇难。从 6 月起，前线社工举行了一系列小组活动，同时辅以社区活动和个案工作等介入方法，着力发育青红家庭生计互助小组。至当年 8 月，小组内部通过民主选举产生了自我管理组织——由 3 名组员组成的"管理委员会"，并在该"管委会"的带领下讨论决定组内各家庭生计项目及扶持资金的分配方案等，标志着社区组织工作取得重大成效。2009 年 9 月初，举行了"梦想起飞——青红家庭生计互助小组生计项目启动仪式"，各生计项目启动扶助金按协议发放到各承担人手上，青红家庭生计互助小组的发展进入团结互助开展生计实践活动的新阶段。直到 2010 年初，第一个青红家庭生计互助小组的组员们在"管委会"的带领下，互相帮助、互相支持，陆续开展了各项家庭生计项目，并获得了不同程度的成功。

2010 年 4 月绵竹青红社工服务中心正式登记成立后，青红社工依照同样的做法、模式，继续培育第二个青红家庭生计互助小组，以此扩展对当地地震伤残人员为主相关人群的生计发展扶持服务。第二个青红家庭生计互助小组于 2010 年 9 月初步发育成熟，10 名组员中女性 8 名、男性 2 名，地震伤残人员 8 位、震前即为残疾人 1 位，另有 1 位为健全人士但家中孩子在地震中致残。第二个互助小组也经选举产生了一个 2 人"管委会"，负责召集、带领组员们进行民主管理运作。到该年下半年，两个互助小组实际上已联合为一个，而两个组的"管委会"也合并为一个 5 人"管委会"，团结一致带领 20 位组员和他们背后的 20 个家庭，相互帮助、相互支持，进行各项家庭生计项目的实践。

2011 年，绵竹青红社工服务中心获得中国扶贫基金会项目经费资助，开始实施绵竹天池乡"青红种植专业合作社"项目。"青红种植专业合作社"是在此前青红家庭生计互助小组的基础上，以互助小组"管委会"成员为骨干，带领汉旺新城 20 多户天池乡安置居民（其中既包括地震伤残人士、残障人士，也包括健全人士），利用自家原在天池山里的土地资源和家庭劳动力资源，进行以银杏树苗为主的农林作物种植和销售活动，建立"绿色生计"实践的合作经济组织。此项目沿袭了绵竹青红社工为地震受灾人群提供生计发展扶持服务的总体思路，但在辐射范围上有所扩展，介入模式仍坚持基于社区的发展性组织工作模式或社区发展组织工作模式，但具体的工作内容则从培育互助小组上升为培育合作社。

2 指导理论

2.1 发展性社会工作

绵竹青红社工在开展相关服务的工作中，主要采纳了"社会发展"的理论及视角，并自觉探索形成"发展性社会工作"的初步系统理论，以之作为总的指引。

首先，在服务开始前，青红社工团队的一些成员已经通过多种途径对灾区的情势和服务对象的问题有所分析、认识，团队内部初步形成了某些共识性的看法。其中，比较突出的一点是，团队发现灾区当时有许多服务是针对各类受灾人群提供心理辅导、情绪抚慰或物质救助等，服务的形式多为个人辅导治疗、小组社交或康乐活动以及社区赈灾救济，这些服务虽有助于缓解服务对象当下面临的某些困难或改善其所处的不利处境，但似对于他们持久的恢复和重建新生活并未提供更为切实有力的介入支持。例如，较少有服务涉及当地居民在灾后重新建立自己的生计体系、恢复正常经济活动的内容，而因为地震的破坏性影响是较普遍的，对那些伤残人员或残障人士家庭而言地震的破坏性影响更大，并且正因为如此才加剧了人们在心理情绪、社会关系等方面的问题。另外，还发现许多服务行动的逻辑比较限制在从服务对象眼下既有的特定服务需要出发，来谋求对其给予"就事论事"式的回应和满足，比如，地震导致一些人伤残，就针对伤残人员为其提供康复治疗。青红社工认为，这些服务所体现的取向比较明显的是"治疗性""补救性"或"恢复性"介入取向，但对服务对象自身的力量与潜能以及对其需要本身的变化发展重视不够、认识不清，也未能加以更自觉的介入引导，也就是比较欠缺"发展性"的介入取向。青红社工力图有别于此，在自己的工作中更加关注"发展性"的介入取向，避免服务介入停留于表面、抽离、没有长远积极效应的状态，而致力于促进有关人群和当地社区可持续地恢复发展。青红社工团队的一种基本理解是，自己能够在灾区当地提供的服务介入很可能是具有时间性的，也就是或迟或早到一定的时候外来的社工将会离开当地，那么，如果是作为一种符合伦理的介入，就必须使自己的服务能提升服务对象和当地社区继续自我发展的能力，做到即使社工团队不在当地了，当地人也能够依靠自己的力量追求持续的改善与发展。

其次，在社会工作专业内部，强调"发展""发展取向"或径直叫做"发展性社会工作"的论述已非少见，它们为青红社工提供了重要的理论参考，构成青红社工有关服务行动之自觉理论指引的基础。

美国社会工作学者米奇利（M. Midgley）等人①系统阐述了其"社会发展"（social development）理论及其实践含义，提出了"发展型社会政策"（social policy for development）、"发展性（社会）福利"（developmental welfare）等概念。米奇利等人的核心观点和主张，是社会福利服务和社会工作应当与经济发展进程密切相结合，注重改善和增强相关人群的经济活动能力及"生产性"（productivity），促进其有效参与社会经济活动过程并达致整体处境的改善，最终实现经济发展与社会发展的协调统一。他还明确提出，采用社会发展手法的社会工作与社会服务，应是视野宽广、着重关注贫穷和匮乏问题，并试图推动更具进步性的社会变迁，因而与传统主流的基于城镇、补缺型的社会工作和社会服务方式（主要表现为院舍照顾、心理咨询等）相区别。这种社会工作与社会服务是在全面整体的、以社区为基础的框架内，努力整合社会工作和社会服务的补救性、预防性与发展性功能；在方法的层面，它要求广泛使用团体和社区的社会工作方法及"整合式的方法"。

格雷（M. Gray）编有《南非的发展性社会工作》一书②，在书中明确使用了"发展性社会工作"（developmental social work）的概念。其基本的主张即如米奇利所言，发展性社会工作是在社区层面整体介入，关注社区人群的经济活动，致力于促进

---

① J. Midgley, Defining Social Developmet：Historical Trends and Conceptual Formula-tions，*Social Development*，1994，Vol. 16（3）；J. Midgley，*Social Development——The Developmental Perspective in Social Welfare*，London：SAGE Publications，1995；J. Midgely and Kwong-leung Tang，Social Policy，Economic Growth and De-velopmental Welfare，*International Gournal of Social Welfare*，2001（10）；米奇利：《社会发展——社会工作实践的一种取向》，吴丽娟译，《中国社会工作》1998年第3期；安东尼·哈尔、詹姆斯·梅志里：《发展型社会政策》，罗敏、范西庆等译，顾昕审校，社会科学文献出版社，2006。

② M. Gray，*Developmental Social Work in South Africa*，London：Ashgate，1998.

其生产能力的提升以改善整体处境，并实现社区发展。拜克（Maren Bak）撰文《发展性社会福利能改变不公平世界吗?》[1]，以南非的一些实务经验为基础，也讨论了"发展性社会工作"的意义和价值。他主张发展性社会工作是为变革的社会工作（social work for change），更为突出强调其"增权"的含义。

应当说，尽管社会工作专业内部包括国际社工界尚没有十分清晰的关于"社会工作的发展取向"或"发展性社会工作"的理论表述，但是，也可以看到其某种大致的轮廓。通过米奇利等人的讨论，或可基本上把社会工作的形态划分为两种，即发展取向的社会工作与补救/治疗取向的社会工作，或者是"发展性社会工作"与"照顾性社会工作"。而绵竹青红社工主要是参考依据以米奇利等人所代表的发展性社会工作或"社会发展"之理论论述，来展开自己的服务实践。

最后，笔者尝试简要地将绵竹青红社工用以作为自身服务工作总的指导理论的"发展性社会工作理论"归纳为以下几个要点。

1. **基本假设**

（1）"发展"包括"经济发展"，是人的一项根本需要，也是社区重要的基础性需要；

（2）人和社区都有经济发展与整体发展的动力和潜能，但在某些情况（如灾害的影响和过度市场化）下，这些动力和潜能可能得不到有效发挥，导致发展受阻并产生关联的问题；

（3）社会工作专业应当且适合介入有关人与社区经济发展和整体发展的领域，通过运用其整体分析视角和助人自助技能消除障碍、增强能力，促进人与社区的经济社会协调发展；

---

[1] M. Bak, Can Developmental Social Welfare Change an Unfair World? *International Social Work*, 2000 (5).

（4）通过支持体现社会面向的经济发展行动，促进有关人群经济发展与社会发展的统一，可以有效解决某些社区和群体发展受阻的问题，并对改善其他问题起到积极作用。

2. 社会工作介入目标

总目标：促进人包括经济发展在内的发展能力的释放和发展潜能的实现，支持其更好地满足自身的经济发展需要和其他多样的发展需要。

具体目标：针对经济发展能力受限或潜能受到抑制的人群，协助其克服限制和阻碍，探索能满足其自身经济发展需要的有效行动路径，逐步满足其经济发展需要；关注整体发展，以改善服务对象社会性发展的能力和状况为焦点，全面协助其身心恢复发展、经济生活发展等，支持相关人群迈向自主性的全面可持续发展进程。

3. 社工介入的手法策略

综合运用个案工作、小组工作、社区工作等直接服务方法，并以社区经济发展组织工作（即"基于社区的经济发展性组织"工作）为中心，进行教育、倡导、行政等活动，支持形成以相关人群为主体的集体经济发展行动体系。

4. 社工的基本角色

社工不再是服务对象的"照顾者"，通过自己的服务等行动来满足服务对象的具体、特定需要，而主要是服务对象的"陪伴者"和"同行者"，与服务对象相伴共进来支持其走向自主的可持续的经济发展进程，并借以解决服务对象的其他问题，满足其需要。对于因各种原因经济发展和其他发展受限的群体，社工一开始需要扮演"照顾者"的角色，关心并满足其迫切的照顾需要，但绝不停留于此，而是始终致力于激发、鼓励群体的经济发展和其他发展努力，协助、支持其成为自身经济发展和其他发展的主体。在此过程中，社工的具体工作角色是灵活多变的，并须

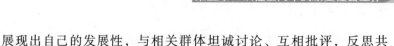

展现出自己的发展性，与相关群体坦诚讨论、互相批评，反思共进，既促进服务对象的发展，也使自己获得发展。

2.2 增权与集体生计

"5·12"汶川大地震后，伤残人员经历了自身身体功能的变化，而这种体验对于他们来说，是陌生和带有未知恐惧性的，其中一些人还经历了家庭的变化，他们能明显地感受到照常控制自身生活相关事务方面的某种无力感；同时，长期的社会权力关系状况加重了这部分人的无权感，伤残人员的声音在灾后得不到足够的重视以致权力被湮没；而且，在一些社会服务中，由于无意识地复制了既有的权力结构，从而强化了伤残人员的"受害者"意识，伤残人员更加被弱化及失去权力。种种事实表明：震后，伤残人员已经被明显地置于"去权化"的状态，包括个人层次、人际层次和社会环境层次，从主观意识到客观关系。这非常不利于这个群体真正的康复和可持续的重建新生，因而，"增权与集体生计"的理念应当被提出来并在针对灾难伤残人员的服务中进行努力尝试。

1. 增权

"增权"是绵竹青红社工在介入过程中运用的一种具体理论视角[1]。在"发展性社会工作"的理解中，包括经济发展等发展受限或不能自主有效发展的个人或群体等，容易体验到无力感，并逐渐削弱发展的信心、意愿和相应的行动能力，最终将自己认同为"失败者"或类似的身份。对此，"增权"的理论解释相信，这种状态是由社会环境的剥夺造成的，特别是社会关系中的权力剥夺（包括具体的经济制度安排和经济资源分配中的权力剥夺）

---

[1] B. B. Solomon, *Black Empowerment: Social Work in Oppressed Communities*, Columbia: Columbia University Press, 1976.

所致。因而，要通过个人层面、人际关系层面直至社会经济结构等层面的权力改变策略，重新确认并使服务对象建立自己的权力地位（包括经济权力地位），恢复、增强其对生活的整体支配感、掌控感及行使有关权力的能力，从而打破弱势处境的循环，带来服务对象整个生活状况的改善。

绵竹青红社工以"发展性社会工作"为总的理论指引，将"增权"的视角和手法有机结合进促进经济发展和整体发展的介入行动策略中。首先，运用"增权"的理论假设更好地理解相关服务对象的处境与状态，重视服务对象的无力感等心理感受，并恰当地认识其与服务对象所处社会经济环境中各种因素的关联，既有助于社工在介入过程中把握住一些重要方向，也可贡献于服务对象的自我理解和集体意识的提升。其次，"增权"手法所指向的那些具体层面与具体方法，完全适合"团结社区、发展生计"的社区生计发展行动路线，无论是对个人和家庭的工作，还是对家庭生计互助小组的培育组织，抑或是社区生计行动的推动，都灌注批判反思、集体讨论、集体身份确立、集体行动实践等要素，致力于提升服务对象的权力感和行使权力的能力，由此也才能促成自主的社区生计发展局面的出现。

更具体来说，青红社工设计的"家庭生计互助小组"是面向由于地震这一自然灾害而带来的残障的"concern"（关切），这与那些组员一开始更多地将自身定义为"problem"（问题）是不同的。青红社工自觉地把握这个看似简单的语词变化，尽力使其中极其重要的意义体现出来，它决定了社工开展服务的视角是"概念澄清"而不是"问题解决"。这样的任务恰与青红社工"同行者"的角色定位一脉相承，也是对增权视角的具体诠释。因为"问题解决"更多体现的是社工作为"保姆式"的"包办者"的意义，而"概念澄清"不仅仅体现接纳残障组员的自我认知及其内化，更寻求通过反思对话促进其实现自我独立式的发展，此时的社工是作为"同行者"。

另外，在残障扶助领域，还有其他理论或视角常被提及，如正常化理论、回归社会理论、社会网络理论等。其中，正常化理论往往涉及服务提供者即社工对于服务对象的理性认知；[①] 回归社会理论则注重将服务的提供置于社区环境中，提倡社区照顾；[②] 而社会网络理论比较强调构建正式与非正式社会支持网并发挥其功能。[③] 应当说，绵竹青红社工着力培育家庭生计互助小组的行动能力，推动其自行管理、自我运作，这更接近于自助组织（Self-Help Movement）[④]，其总体上属于增权取向社会工作的一种常用手法。

2. 集体生计

从基本的意涵来说，"生计"指个人和家庭的谋生方式及其结果。而从"发展性社会工作"的角度看，"生计"是人的发展的一个重要表现方面，甚至可以说是承载了绝大多数人发展的目标与手段的一个基本方面。因而，从"发展性社会工作"的理论取向说，社工的介入必然要关注"生计"，以服务对象的"生计"为重要的介入点。尤其在绵竹青红社工的服务对象主要是受地震灾害影响的人群这种情况下，其"生计"更成为介入的焦点。推而广之，多数情况下社工所服务的对象是社会中处于下层的成员，尤其在中国这样的发展中国家，普遍来说很多服务对象的问题都牵涉"生计"问题。因此，能够有效关注和处理这方面问题的"发展性社会工作"是极其必要的。

但是，"发展性社会工作"的假设并没有孤立地来看待人们

---

① 迈克尔·奥利弗：《残疾人社会工作》，谢子朴译，华夏出版社，1990。
② 马洪路：《残疾人社会工作》，中国社会出版社，2010。
③ 孙亚丽：《社会网络理论在城市社区建设中的运用——以北京市 YF 社区为例》，《社会工作（学术版）》2011 年第 9 期。
④ 何欣、魏雁滨：《专业化：残疾人自助组织发展的影响因素》，《中国人民大学学报》2011 年第 5 期。

的"生计"问题，将这种看似仅属于经济领域的活动与人们整体的社会生活割裂开来，将这方面的需要与人的其他需要脱离视之。相反，"发展性社会工作"相信，人的"生计"需要与其他需要紧密关联，"生计"的发展既能满足其物质生存与发展的需要，也能满足其多方面的人的发展与社会存在和发展的需要。而当今的问题是，"生计"愈来愈个人化，从人的整体存在与发展中抽离出来，正是这种进程造成了服务对象生计发展能力的受限、需要满足机会的被剥夺，尤其对那些有特殊困难的人群而言，加剧了他们在这方面的无力感，将他们推向"去权""去势"（即除去残疾人士的优势）的地位。

绵竹青红社工明确以"集体生计"作为理念追求，在与服务对象的陪伴同行中，坚持引导、鼓励人们走向互助合作、共同投入生计实践、共谋生计改善的道路。通过与相关人群一起践行这一理念，同时谋求改善当事人的物质生活、心理状态、社会关系乃至社会结构，寻求实现的是集体自主的整体发展和可持续发展，为长远地满足相关人群的发展需要开辟有希望的前景。

但生计模式的"集体性"程度是可以存在差别的，集体生计也不等同于"集体经济"，更不等同于"集体所有制"。事实上，它的本质是某种合作经济，是强调人们在生产劳动和谋生的过程中以多种方式进行合作，以有利于达到更好的谋生效果同时获得多方面的社会满足。一般来说，这种合作达到组织化水平可以有"互助组""合作社"乃至"公社"等基本的不同形态。在"互助组"形态当中，成为组员的个人或家庭可能仍旧以各家各户为实际的谋生单位，各自进行主要的生产劳动等经济活动并获得自己的生产劳动成果，但是，他们相互之间稳定地在某些环节特别是在劳动环节进行差不多对等的帮助、交换彼此的劳动，比如，某种"换工"或交互使用生产劳动工具。在"合作社"模式中，"社员"之间的联系更加紧密，不只是共同进行生产经营活动，而且会有某些共有资产，由社员以入股的方式形成，当然，各家各户谋求生计的结果也在更大程度上受到集体行为的影响。至于"公社"，可以说是合作经济或集体生计的更高级形态，在此种形态中，共有资产与共同行动在个人和家庭的生计体系中所占比重更高，社员相当严重地依赖于公社取得自己的谋生资源。此外，还可有"协会"这样的中间形态，它是介于合作社与公社之间的一种形态。①

绵竹青红社工在全部服务工作中都试图灌注的一个理念，是强化社区居民的合作意识与合作行为，以此体现对社会发展的关注并将促进经济发展与社会发展结合起来。因此，使相关居民组织起来、开展集体生计是推动两方面相结合的发展的重要方向。不过，如何选择具体的集体生计组织形态，则视相关人群的观念、习惯和态度而处境化地决定，这本身也是与增权的取向相一致的。

3 介入模式

绵竹青红社工的介入模式大体上可概括为"社区发展组织工作"模式，或叫"基于社区的发展性组织工作"模式。其核心是在社区层面培育有多重功能但突出围绕"发展"特别是"经济发展"需要的自治性组织，支持其进行多方面的集体发展实践并不断自我发展，最终成为独立自主的社区发展行动体系。在已有的实践中，该模式的关键之处在于以下两个方面：一是内容上以家庭生计互助小组为中心的社区组织工作；二是方法上从小组工作到社区组织建设到生计项目开展再到组织发展的连续介入过程（见图 5 - 1）。

---

① 李晓云：《农村合作经济组织》，吉林科学技术出版社，2008。

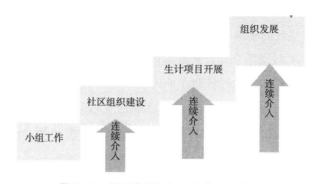

图 5 – 1 社区发展组织工作的介入模式

3.1 以家庭生计互助小组为中心

发展性社会工作谋求有效地介入、支持所服务人群的自身发展，同时增权和集体生计都明确地意味着这种发展要走集体行动的路线。因而介入的关键是培育形成某种形式的集体发展组织，借以将个体的发展努力组织化，实现多方面的理论要求。而鉴于其他理论上的考虑和绵竹青红社工服务中心的特定现实条件，这种组织形态的基本选择是社区组织，即以特定社区居民为基础的组织。具体来说，最初绵竹青红社工服务站设于汉旺武都板房区内，社工接触到的主要是原汉旺镇、天池乡及清平乡的安置居民。后来绵竹青红社工服务中心迁入汉旺新城，而城区的居民也主要仍是当时板房区的那些居民。这样，所谓的社区组织其实就主要是指以汉旺镇、天池乡和清平乡原住武都板房后搬入汉旺新城的那些居民为基础建立的组织。

而在具体的组织形式上，能够现实承载介入目标的组织形式最初必须是小规模的，只能称之为"小组"。这主要是由社工团队所能运用的资源决定的，也受到工作人员能力的限制。最后实际上每个小组的规模被确定为 10 人，也就是说，由当地 10 户家庭的代表组成，当然其中多数是地震伤残人士或残障人士。例如，第一期小组有 7 位地震伤残人士、2 位残障人士，另外 1 位是地震遇难学生的母亲（非地震伤残人士，也非残障人士）。此外，这个小组当然是生计发展小组，青红社工对其进行明确把握，把它定位为以共同开展生计活动为目标的小组。不过，它的共同性并不很高，从名称上说是"生计互助小组"，这就区别于"合作社"或者其他更高级的组织形式。换言之，到目前为止，绵竹青红社工要培育的社区发展组织只是一个小规模的、组员之间可以在一定程度上相互帮助支持、共同投入生计活动的组织，这也就是"生计互助小组"的确切含义。就实施的情况来说，绝大多数"生计互助小组"的组员最后在开展生计活动时是以自己的家庭为单位开展的，曾经有的少数合伙性质的生计活动项目后来也都转为以家庭为单位开展。也就是说，"互助"更多地不是表现在生产经营环节，而是表现在各组员家庭独自进行生产经营活动之外其他的一些社会支持方面。

在绵竹青红社工迄今为止的介入中，培育发展家庭生计互助小组是其全部工作的中心，也是所谓"社区发展组织工作"模式的实质内核。在中国红十字基金会第一期项目经费的资助下，绵竹青红社工培育了第一个青红家庭生计互助小组，并支持 10 位组员及其家庭开展了自己的生计活动，同时家庭生计互助小组的组员也确实互帮互助，使组员及其家人获得了满足感。在中国红十字基金会第二期项目经费的资助下，绵竹青红社工又培育了第二个青红家庭生计互助小组，同样由 10 名当地居民家庭的代表组成，主要是地震伤残人士和残障人士。后来，绵竹青红社工推动两个小组融合，特别是其自治管理组织"管委会"的融合，使组员们的生计活动在更大的组织框架下展开，也使互助范围扩大了。但尽管如此，目前所有的组织基本仍然是"互助组"性质。

3.2 从小组工作到社区组织建设到生计项目开展再到组织发展

以家庭生计互助小组为中心的社区组织工作模式，中间涉及一系列具体介入方法的运用，基本上，可以归纳为从小组工作方法到组织建设方法到生计项目开展再到组织发展的一个连续性的过程。

3.2.1 小组工作

具有社区发展行动组织性质的家庭生计互助小组不可能一夜组建，实际上，它是从某种社交小组经由学习型小组逐步发展而来的。最初，小组组员聚在一起，由于具有相似的经历和感受，他们更多地是将小组聚会视为一个交流分享情绪情感、建立社会关系的场合，并没有作为一种集体行动组织组员的自觉意识。

此时，青红社工运用典型的小组工作方法，带领小组组员设计并开展一系列小组活动，从破冰、建立关系到提供情感支持和促进相互支持，其中较多地采用游戏的形式。之后，同样是社工主导，为组员提供与生计有关的一些知识和技能方面的培训，带领组员学习相关知识技能。这些小组工作的内容还包括组织小组聚餐、开展文娱活动等。同时，处理小组组员间的冲突、竞争等关系，引导规范建立、领袖产生等，也是其中的重要内容。

经过这些过程，小组内部形成了一定的凝聚力，在意识和能力上已经为转变为集体生计发展的行动组织奠定了基础，特别是某些领袖人物浮现出来，这为社工的介入、进入真正的社区组织建设步骤准备了条件。

3.2.2 社区组织建设

从小组组员召集后大约两个月这段时间举行了 8~10 次的小组聚会活动，社工开始推动小组转型。社工组织讨论，并澄清可

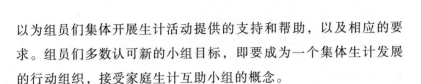

以为组员们集体开展生计活动提供的支持和帮助，以及相应的要求。组员们多数认可新的小组目标，即要成为一个集体生计发展的行动组织，接受家庭生计互助小组的概念。

在这一步，关键的是社工要协助小组组员们民主选举产生一个自我管理架构即小组"管理委员会"。通过一定的程序，第一期组员最后投票选出三人"管委会"，第二期组员选出一个两人"管委会"。这标志着小组从基本属性上不再是社工主导的"小组"，而是自我行动的组织。接下来，社工一步步对小组活动进行引领，减少与组员的直接接触，同时注重对"管委会"领袖成员的工作，提供能力建设方面的帮助和支持，协助其逐渐成为小组的实质领导者。

"管委会"带领小组组员讨论制定有关组内各生计项目启动扶持资金的分配方案，这对家庭生计互助小组的最终建成及使小组成功转变为社区发展行动组织来说至关重要。社工适当地予以协助支持，顺利地完成这一步。在随后的工作中，社工处处引导组员有问题找"管委会"，不断推动"管委会"成员对内、对外发挥作用，提升其关注组员群体和社区的意识，制定、完善决策管理的各种制度，渐渐巩固其权威地位，也形成了组员与其的合理互动关系，并与社区产生了适当的互动。家庭生计互助小组作为社区组织基本建成。

3.2.3 生计项目开展

社区组织建设的工作实际上是贯穿整个项目实施过程的，特别是作为生计行动组织，它必须在组员们的生计项目实质性地开展起来后接受检验、展示功能。不过从工作步骤上说，在组内各生计项目的启动扶持资金分配完之后，社工的工作重心转到协助支持"管委会"带领组员开展好各个生计项目，其间有大量的工作要做，而对整个介入来讲也具有十分重要的意义。因为只有让组员们从生计项目开展的过程中感受到成功，正确应对遇到的各种困难和挑战，才有可能使其对自己的组织产生信心，也对自己所走的集体生计路线建立信心。大体来说，社工在这一步的工作包括以下两个方面。

首先，进一步支持和引导"管委会"正确认识生计活动，并通过其影响组员对生计活动的认识，提升其行动意识与能力。在各生计项目开展的过程中，组员对生计和生计模式的理解认识需要不断深化，也需要不断结合经验反思提升，更好地把握集体生计理念，也保护和发展增权的成果。社工自身也要在此过程中不停地思考探索，与各种实际情况对话来提高自己的认识，进而很好地与小组组员包括"管委会"的成员保持思想上的对话。这些对话思考本身是富有价值的，从中产生的一些成果也能有助于介入过程的发展。

其次，提供各种具体的支持和帮助，不同程度地介入各生计项目的生产经营过程，努力协助组员们在项目上取得成效。这一方面的工作以不削弱而是能够促进小组的集体行动力为基本考虑，同时考虑到以残疾人士为主组建的小组的特殊性，有必要在一些具体方面提供实质性协助，以使各生计项目的开展更为顺利并尽可能获得成功。例如，必要的资源链接、争取优惠政策，包括必要的人力、物力帮助等。与社工直接提供此类支持、帮助同等重要的是，尽量鼓励、引导组员们相互支持和帮助，包括工具性的和情感性的。

3.2.4 组织发展

随着家庭生计互助小组组员各生计项目的开展，小组的互助功能日益得到发挥，某些项目取得了一定的成功，同时小组和青红社工对生计发展的具体道路模式、多种可能的方法等也都有了新的认识，在多种因素的共同作用下，在家庭生计互助小组的基础上出现了新的组织发展可能性。比如，两个小组的女性组员开始倡议以自身优势为基础开展"手工作坊"的合作式项目；还有某些组员对原来个别组员的家庭项目产生了合伙经营兴趣，出现了比较自然的合作发展趋势。尤其是绵竹青红社工服务中心获得了中国扶贫基金会新的项目经费资助，可用于发展以林木种植为内容的合作社、探索可持续的绿色生计模式，而已有的家庭生计互助小组骨干成员表现出了很强的带头行动的意愿。

在此背景下，青红社工一方面推动家庭生计互助小组基础上新的组织发展进程，积极鼓励支持组内各种合作发展的趋势，支持"管委会"发挥领导作用，给予合理的回应；另一方面，重点支持以原家庭生计互助小组组员为骨干的新的林木种植合作社的发展，借机引导大家更多地思考集体生计发展的道路和模式，找寻新的可能发展方向，也总结提升已有的发展模式。

事实上，青红社工深谙"发展性社会工作"的原理，将"增权"紧密地融于"集体生计"的发展实践中，至今则愈益清楚地认识到，"团结社区、发展生计"并且走可持续发展的道路，这是应予坚持的方向。而在具体的实践中，从"互助组"到"合作社"直到某种更紧密性质的社区发展组织形态（如具有综合的经济、社会与政治功能的协会组织），都是可以选择的，而重要的是要结合地方实际，在与服务对象的陪伴同行、共同探索中发展。因此，未来的组织发展既是有着基本方向和明确意识的，也有着无限可能的空间。

4 操作步骤

4.1 小组工作

4.1.1 社工带领建立小组

基于所服务社区的特殊性与敏感性，青红社工在思考和设

计服务方案的过程中尝试采用"集体生计实践"的模式。在此
模式下,社会工作者不是作为同残障人士及其家庭一起工作的
个案工作者,也不是残障者合法权益的"代表人"或"发言
人",更不是带动残障群体进行游行示威活动的发动者,从某种
意义上讲,社工认为目前最需要关注的议题是残障人士对生活
境况的适应与改善,并通过将生理与心理层面紧密结合开展康
复工作。基于此,青红社工将社区工作的目标定位为:以家
庭生计互助小组为圆心的辐射状社区组织,即从"同行者"
的社工角色定位出发,以生计项目探索为由头,以推动家庭
生计互助小组的发展为培育方式,最终推动更深广意义上的
社区组织建设进程。

"信任之旅"游戏,搀扶着蒙上眼的组员

　　青红社工进入社区带有一定的偶然性,这要归功于空间选址
的前瞻性。青红社工得以进入汉旺武都板房区开展社区服务工
作,很大一部分得益于绵竹市东方职业技术学校的推介与协助。
这一点有利于促进社工与服务对象"友好邻居关系"的形成。因
而,地缘上的亲近在一定程度上减少了社工与服务对象建立关系

过程中的障碍，缩短了磨合期，也为后期社工带领建立小组的工作奠定了坚实的基础。

　　家庭生计互助小组的建立是以社工带领开展小组活动开始的。在此阶段，社工发挥对于家庭生计互助小组的整体引领作用。一方面负责"文本设计"，即小组活动计划书的制定；另一方面负责"情感培养"，即通过前几节活动设计以及与服务对象的交往互动，青红社工对于服务对象的认知性了解和互动关系的初步形成。"信任之旅"游戏、"愿望树"、励志影片《Nick Vujicic》《鼓舞》赏析、社区寻"宝"、家庭财路分析等环节的活动从视觉和感官上给予服务对象全新的体验，而小组活动的新奇形式也在一定程度上对服务对象产生了吸引力。除此之外，社工的人格魅力也有所体现，活动中的细节体现和无所不包的信息交换，实现了社工的"去神秘化"。服务对象虽仍然有所顾忌，但在很大程度上已能完全投入到社工组织开展的活动中，并在其带领下，开始主动思考自身问题和需要。而这也是后期进行凝聚力培育与生计互助组织发育的根本性基础。

4.1.2　支持小组发挥生计探索功能

　　青红社工"concern"（关切）意义上的"互助组"建设成为支持小组发挥生计探索功能的重要考虑。与在前一阶段在社工带领下建立小组的形式相似，社工通过一系列小组活动的开展来促进支持功能的实现。"家庭日常活动与影响家庭生计的因素分析""参与式评估工具"的设计等，都能从社工所用专业手法的角度给予"concern"一个本质意义上的诠释，即让服务对象看到自己在家庭生活、社会生活中无异于非残障人士的使命和担当，甚至看到其优势和潜能所在，重新界定和澄清自身的处境，从而认识到"生计互助"的本质意义。

　　此外，在技术操作层面，社工也是尽量给服务对象提供其可

在家庭生计互助小组活动现场，专家为大家做培训

接受的技术。如在参与式评估工具的设计上，青红社工从经济学、社会学、市场学等多种角度丰富设计内容，以"信息和帮助来源分析工具"为例，社工原本的设计运用了一些相关的经济学知识以及总加分析方法等。在预讨论中，大家认为工具的设计原理很好，很有说明性，然而在形式上不一定是服务对象能够接受的，因而在实际操作过程中，社工将"信息和帮助来源分析工具"做了简化处理，用图形和符号等予以直观呈现。结果表明，简化处理后的评估工具对于服务对象来说虽然也有一定难度，但表现力相对更强。

　　参与式评估工具的设计和使用作为一种手段在家庭生计互助小组的培育过程中发挥了重要的作用，而在此过程中，青红社工支持作用的发挥更多地体现在技术层面上，即提供多种分析模式和参与形式，链接多种资源和信息，以回应服务对象的实际需要。如前文所讲，种种资源的提供和互动模式的出现可能都是建立在"concern"基础之上的行动链，这当中也自然包括服务对象进行一系列生计探索所展开的初步行动。这一时期家庭生计互助小组"生计探索功能"的发挥也顺理成章地成为后期社区组织初步形成的动力来源。

4.1.3　推动小组自主运行与发展

小组活动前期建立的关系到此阶段基本已经成熟，服务对象在家庭生计互助小组这个初步形成的团体中也达到一定的认同度。在此阶段，他们在"凝聚力"或"认同度"方面表示认同的方式一般是通过与组内组员或社工进行互动。而社工也逐渐自觉地由前期"引导者"为主的角色向"同行者"角色转变，行动层次也有所降低，如在第一阶段除了提供技术支持外，还提供多方面的决策支持，甚至偶尔会被动地承担某部分决策工作。然而，在这一小组转向自主运行的关键期，社工将很大一部分权力交还给了组员，并通过多种方式极力促成其作为一个整体去思考、决定与执行。在某种意义上，社工的"退出"给了整个小组更为广阔的行动空间，通过民主讨论和选举，由 10 人组成的家庭生计互助小组产生了内部的管理组织"管委会"（由 5 人组成：第一次培训产生 3 人，第二次培训产生 2 人）。在"管委会"的组织下，整个小组开始转向自主运行阶段，民主制定管委会章程。在此过程中，大部分组员有了前所未有的权力体验，通过带领组员进行各方面的讨论，最后管委会章程大致成型，每个小组组员都或多或少地参与了整个过程，而权力感知也主要是在"选举、建议、表决、表达"等环节。同时，自我讨论与自我决策的行动过程也是另一意义上的"Self-Help Movement"概念的践行。在生计项目商议以及资金分配方案上，整个小组的行动力最大限度地得到发挥，这也是集体能力建立和巩固的一个有力体现。

4.2 社区组织建设

4.2.1 小组向心力与凝聚力的激发

在生计项目的探讨过程中，社工除了提供学术领域的分析工具和方法外，更注重将决策和商议的机会权力交还给组员，而经过前期的互动、熟悉，家庭生计互助小组组员已经能够基本认同彼此的身份、处境以及"小组"这个整体性组织的存在，也大致明白这个团体将要探讨的工作内容和欲达到的目标。在第五次小组活动记录中，社工发现个别女性组员易游移于整个小组之外，甚至与其他男性组员发生分歧而径直离开活动现场。社工没有当即采取应对措施，而是试图检验考察这个小组在"激荡期"是如何回应和处理组员间出现的某些分歧的。结果是，其他小组组员认为该组员在性格方面确实与整个小组存在一些问题，但在普遍意义上，她并未很严重地影响到整个小组活动的进行，大家最后选择包容该组员并且不予过分关注。事实证明，小组的向心力与凝聚力有了一定程度的增强，在问题处理上也是"小组中心"，即整个小组的组员开始关注"家庭生计互助小组"这个整体性组织，而将自身或其他组员置于组织之下——成为一个稳定组织的组建者和维护者。

经历重大变故后在新年聚会上露出开心的笑容

4.2.2 小组领袖浮出水面

青红社工在进行家庭生计互助小组的设计时首先遇到的问题便是服务对象问题，即该小组的人员构成问题。进入社区后经过一段时间的观察，社工基本确定了服务对象的筛选原则：因地震致残、具有一定的行动能力、家庭经济极其困难、有着强烈的生计意愿的人群，重点关注女性弱势人群。前后两期家庭生计互助小组的组员中女性占了大多数，尤其在第二期家庭生计互助小组中这一现象较为明显。即使是基于筛选原则产生的服务对象，其异质性也是较强的。因而在社工的带动和引导下，一些组员的领袖意识和行动能力有所展现，尤其体现在与周围人的互动和自身观点的表达中。社工自始至终都注意给予每个组员同样的关注和展示机会，并善于发现和挖掘具有领袖潜能并且已崭露锋芒的组员。

在小组讨论环节，当出现沉默或争论等情境时，一些组员会主动发表自己的观点或建议打破沉闷气氛并缓和有争议的情境。这在小组中产生了非常明显的效果。建立在主动干预和维护小组内部潜在规范基础上的这种行动力，逐渐赢得了小组内部其他组员的认同和维护，即一些在行动协调能力方面处于劣势的组员开始对身边"能力较强"的组员产生钦佩之意，甚至在非生计小组活动中也会私下主动征求其意见以摆脱某种困境。又如小组还未成型前，组员之间的了解不深，熟识度也比较低，此时，领袖人物的出现具有极其明显的作用，在社工没有完全介入这个团体的关系建立过程中时，小组内部有组员已经在无意识地"分担"社工的服务工作，对整个小组后续的关系建立工作起了巨大的推动作用，也使得这一类组员的领袖地位在小组培育的初始阶段便"埋下了伏笔"。

4.2.3 推动"管委会"正规化运作

在"管委会"有关的规范化章程方面，青红社工在技术层面给予较多的支持，包括从章程的基本原则的制定到后期整理成文，但始终坚持"自助运行"的基本原则。在"管委会"选举产生后的小组活动中，组员们便就"管委会"的有关章程、权利、义务等进行了讨论、商议，并达成共识：建立以"管委会"为行动领袖的"自助运行"体系。也就是说，在"管委会"这个内部核心自助管理机构的带领下，通过活动的组织和开展、对组员的联系和关注，将整个家庭生计互助小组的"公共议题"与组员的"个人麻烦"联系在一起，并尽力从集体的角度给予回应和解决。

社工作为领导者角色的逐渐抽离对"管委会"的独立发展和成熟起到了有力的激励作用。"管委会"的正规化发展大致经历了三个阶段：①自我认同。"管委会"的产生意味着小组组员在认知和行动上要有所变化，即从小组发育初期的依赖青红社工到逐渐在社工协助下独立运行，也就是整个小组通过将关注点向"管委会"转移来实现其自我认同的目的，通过组员对这个核心组织的靠拢和簇拥来使得其对自身的角色以及相应的权利义务有清楚的把握。②自我转变。实现自我认同是"管委会"正规化发展的一个基础。青红社工一直强调和给予指导的"增权视角"在此处也得以生动体现，即通过对"管委会"权力的交付促使其自我转变，充分行使带动家庭生计互助小组运转的权力。③自我升华。通过外在的增权和内在的意识提升，"管委会"在后期小组活动中的作用发挥得越来越明显，组织讨论、带动发言、问题处理，"管委会"已经能够越来越娴熟地应对并带领小组运转。而组员共同探讨形成的管委会章程、确定的权责范围等实质性内容，也在形式上给予其可持续发展的动力。

4.2.4 行动力与影响范围的扩展

总的来讲，家庭生计互助小组的发展模式可以概括为"扩展型"，即在第一期小组培育的基础上，逐渐纳入后来参加的人员，虽然有时间上的先后之分，但本质上讲应该将其定义为家庭生计互助小组的不断成长，即组员更多、活动内容更丰富。因而，从家庭生计互助小组的扩展方式上不难发现，其作为社区组织建设的最基础设置，在行动力上产生了极为重要的影响。对社区的辐射力大小是决定家庭生计互助小组能否在日后逐渐走向社区层面"互助"的一个重要因素。

在讨论两个小组的融合模式问题上，家庭生计互助小组组员以及青红社工考虑多方面因素，倾向于两期组员有共同的归属，而不是从时间意义和空间意义上做明确区分。其原因在于：事实上，第二期小组组员大部分都是靠第一期组员的关系联系来的，即：通过第一期组员在各自所属的社区的影响力扩散，使得社区内的其他人了解青红社工，知道了家庭生计互助小组，也引起其参与兴趣。因而可以毫不含糊地说，家庭生计互助小组不断扩展的模式便是对"以家庭生计互助小组为圆心的辐射状社区组织"这一介入模式的最好佐证。

除了以上在地域层面的影响力，家庭生计互助小组的行动力影响也体现在其范围上，此处的范围既有抽象意义，也有实际含义。抽象意义主要体现为小组对社区层面的意识影响力，而对意识又可以做价值观、看法以及观点等微观层面的划分，从某种意义上讲，整个家庭生计互助小组的存在，包括开展小组活动、集体出行、参与公共活动等，至少在一定程度上影响了社区一部分人对"残废""没用""灾难"等的看法和解读。实际含义也是很容易说明的，家庭生计互助小组通过开展活动及与周围人群进行互动和交往，一些组员甚至会对他人的行动模式产生影响，言语交流应该是此方面最明晰可见的表现之一。

4.3 生计项目开展

在规划设计家庭生计互助小组的过程中，青红社工对这种小组进行了清晰的说明。首先，是价值观定位问题，这在前文已有说明，此处不再赘述。其次，青红社工的根本服务理念是"社区发展"而不仅仅是"社区服务",也非"生计培训班",而是以"生计项目培育及小额资金支持"为手段或方式,用社会工作中小组工作(团体工作)的手法,通过对社区中某部分具有代表性的人群进行组织培育和生计发展扶持,以促进其在生理和精神两个层面的康复进程,并在此过程中,注意对其"互助"理念的诠释,以促成一个具有可持续生计能力的团体或组织,进而使这种能力作用至社区层面的过程。此为开展生计项目的意义所在。

当然,生计项目开展的作用是基础性的,从"生活世界"的角度来讲,"生活"是这样一群人的全部,除了满足物质生活方面的需要外,他们很少或者说不会去关注与之无关的生活事件。因而,将"生计发展"作为介入点是与当时当地的情境密切关联的,而这也是在社工与服务对象没有任何情感联系之前吸引服务对象参与小组的一个技巧性处理。

在具体的生计项目分析和敲定过程中,组员们的意见各不相同,尤其是在"合伙"与"单干"的问题上有较多争论。男性组员的信心相对于女性组员要充足很多,但较好的一点是,男性组员能够对女性组员的畏难情绪做出回应——带动有意愿的女性组员共同开展项目。当然,个别组员也明确提出反对合伙项目,因为一旦出问题会很麻烦。最终,在各自分析利弊的基础上,形成了一些合伙项目和独自开展的项目。从实质上讲,这与青红社工设定的"社区建设"目标有一些偏离,但最终这种多样性局面的出现,在后来大家的探讨中,也不失为一种进行参照对比的有效方式。

经过集体讨论和最终确定,生计资金发放后,组员们便相继开始投入和实施生计项目。在此过程中,家庭生计互助小组的组员们遇到的挑战最多、受到的阻碍也最多,当然,与此同时,也给了组员们一次完全呈现其能动性和抗逆能力的机会。在应对困难的过程中,他们的人际交往能力增强、社会交往范围拓宽、家

庭支持网络更缜密、自身认同也更深刻。这些都不失为一次次
"权力体验"的机会。

4.4 组织发展

家庭生计互助小组有着解决生计问题的使命，但这不是唯一
的和根本的目的，它伴有发展"情感支持"的目标。从小组最初
的目标来看，这一因地震的自然原因而导致"残疾"事实的群体
是因为"生计发展需要"的"common concern"（共同关切）[①] 而
成为一个集体的，即基于这一相似性的家庭生计互助小组，组员
之间起初并没有深入的情感互动或其他涉及个人感受性经验的交
流。但随着小组的发展，其凝聚力和向心力更强了。这不仅体现在
小组活动时的现场互动中，而且蕴含于小组活动结束后组员各自的
生活中，如建议咨询、资源共享、陪伴聊天、不间断联系等，可以
看出，在组员之间，已经形成了基本的情感联系和支持系统，而这
也为家庭生计互助小组的可持续发展提供了坚不可摧的基础。

基于此，"妇女手工作坊"与"银杏种植合作社"两个合作社
性质的组织出现了，这种由家庭生计互助小组衍生出来的"子互助
小组"已将"互助"的理念带入社区，同时使更多的人参与到互
动中来，是"自助、互助"向社区层面"助他"转变的实现。

5 实务示范

5.1 小组工作案例

学习性小组活动
学习性小组活动主要致力于向组员传授一些知识性的生计项

---

① Alex Gitterman and Lawrence Shulman, *Mutual Aid Group*, *Vulnerable and Resilient Populations*, *and the Life Cycle*, New York: Columbia University Press, 1994.

目支持工具，鉴于小组组员总体的文化水平不是很高，社工在讲解和使用参与式评估工具时做了简化处理，并尽量贴近服务对象的日常生活概念。在小组活动内容的设计上，社工也尽量避繁就简，表 5 - 1 为整个小组活动过程中每节的主题与内容，便于读者清晰地把握整个小组工作的开展进程。

表 5 - 1   青红家庭生计互助小组活动计划表

活动主题	任务与目标（内容）
第一节：相互认识，建立契约	1. 让组员之间以及组员和工作员之间相互认识 2. 让组员清楚小组的目的和任务，并澄清组员的疑问 3. 引导组员建立小组契约
第二节：震前生计与震后奇迹	1. 组员分享震前家庭生计方式 2. 组员敞开心扉，讲述地震时的经历，激发其对自身社会支持网络的认识，从以往的经历中，看到自己的优势和力量 3. 进一步增强组员之间的信任感与凝聚力
第三节：社区寻"宝"与家庭"财路"分析	1. 让组员了解所在社区内有哪些资源，这些资源的分布及作用；哪些资源与自己的家庭生计进行了链接；哪些资源是没有被触及到的或是被限制的 2. 让组员分享自己家庭主要的生计手段及家庭成员的角色分工，从中学习其他组员家庭的谋生手段及角色分工 3. 进一步加强组员之间的互动、合作，增进信任，增强小组凝聚力
第四节：家庭日常劳作图分析与影响家庭生计的因素分析	1. 让组员分析自己家庭通常一天 24 小时的日常劳作图，理解产生各类活动的原因、时间的可得性，以及家庭中工作承担者的性别角色 2. 让组员理解影响家庭生计的各类制度、人物、组织的重要性和相互关系，以此为基础探讨他们的生活如何嵌入在这个处境中 3. 进一步加强组员之间的互动、合作及信任关系，增强小组凝聚力

续表

活动主题	任务与目标（内容）
第五节：协助组员进行家庭财产控制分析及生计信息的来源分析 新工作员与组员建立信任关系	1. 从讨论中获得家庭财产控制的相关信息，讨论家庭财产控制中的角色与分工，引出后期生计项目中家庭成员的参与 2. 获取组员生计信息的来源类型与渠道，使组员了解多渠道的生计信息和支持网络 3. 组员与新工作员建立良好的信任关系
第六节：协助组员回顾前五节的内容（主要包括对六个参与式生计评估工具的学习），重申小组契约内容并引导转向生计项目的实质内容——引导组员思考如何使用生计启动资金	1. 通过回顾小组前五节的内容并进行总结，使小组组员再次熟悉六个参与式生计评估工具，为后面的生计讨论奠定基础；让组员了解小组的整个发展历程和各阶段取得的成果，认识到发生在小组及自己身上的变化，增强小组凝聚力 2. 通过让组员再次书写并贴在墙上，使小组契约得到重申，使组员意识到自己的组员身份以及小组的约束和自己的责任 3. 通过初步讨论如何使用生计启动资金来试探与了解组员的生计意向，为下一节对资金使用、分配和管理的深层次讨论做好准备
第七节："管委会"选举	投票选举产生"管委会"成员
第八节：澄清家庭生计互助小组的目的，讨论"管委会"职责与小组组员的权利和义务	1. 澄清家庭生计互助小组的目的 2. 初步明确"管委会"的职责 3. 让组员初步明确作为组员的权利和义务
第九节：组员确认管理委员会章程、组员的权利与义务并签字；讨论并产生小组资金管理委员会；家庭生计互助小组及其"管委会"自己讨论决定下一节小组活动的内容	1. 通过宣读与确认，强化小组契约、章程、权利与义务规定在组员心中的合法地位 2. 由小组组员讨论"管委会"的成员构成、人数和产生办法并最终产生"管委会" 3. 让新成立的"管委会"引导小组讨论下一次活动的内容，使小组开始自我运作

活动主题	任务与目标（内容）
第十节："管委会"主导小组讨论制定新的规章制度并初步讨论生计项目	1. 组员熟悉并学习大家共同制定的小组契约、管委会章程、组员的权利和义务 2. 讨论和制定详细的规章制度 3. 初步讨论生计项目，每个组员至少要说说自己的生计想法
第十一节：解决思想包袱，鼓励大家积极发表意见；生计项目分析及可行性论证	1. 组员针对上节小组活动中提到的生计项目做进一步的可行性论证 2. "管委会"带领大家充分表达开展生计项目的意愿；组员针对目前已考察的生计项目进行利弊分析，表达自己的参与意愿
第十二节至第十九节：由"管委会"组织开展小组活动，讨论生计项目的进展事宜	生计项目可行性与操作性分析；个人意愿表达与生计项目人员落实；讨论项目资金分配；项目申请书如何提交；强调制定各种制度的意义和重要性；汇报生计项目筹备开展的情况；介绍生计项目进展情况及所面临的问题并商讨解决办法；安全协议签字；故事会分享，等等

下面将以第五节小组活动为例，呈现一节小组活动的开展过程。

青红家庭生计互助小组第五节活动安排

活动时间：2009 年 7 月 15 日 9：00～11：30

活动地点：青红社工服务站小组活动室

活动主题：协助组员进行家庭财产控制分析及生计信息的来源分析；新工作员与组员建立信任关系

活动目标：①从讨论中获得家庭财产控制的相关信息，讨论家庭财产控制中的角色与分工，引出后期生计项目中家庭成员的参与；②获取组员生计信息的来源类型与渠道，使组员了解多渠道的生计信息和支持网络；③组员与新工作员建立良好的信任关系。

活动内容：

时间	内容	目标	所需资源	工作员	备注
9：00 - 9：05 5分钟	开场白： 工作员先向组员介绍青红社工站新的同工 与组员一同回顾第四节的活动内容：家庭24小时日常劳作图；影响家庭生计的各类制度、人物、组织	组员认识新的同工，为移交小组做准备 引导组员回忆上节小组活动内容	3位同工到场		
9：05 - 9：25 20分钟	热身游戏：甜心 规则：每人10颗糖果，分发给其他组员，每个组员只能给其他组员每人1颗糖果	组员互相鼓励，彼此欣赏	糖100颗		
9：25 - 9：55 30分钟	工具之五—— 家庭财产控制分析 辅助工作员把准备好的家庭财产分类表发给每一位组员，工作员详细解释该表的内容及操作方法，让组员依照自己家庭财产的实际控制情况写出对应的家庭成员	让组员明确各自家庭的财产控制权，以及在此基础上探讨动用家庭财产的限制	A4纸、彩笔		需要辅助个别组员书写
9：55 - 10：25 30分钟	工具之六—— 生计信息类型和信息来源分析 工作员在大白纸上尽可能多地写出生计信息类型，引导组员分析这些信息的来源有哪些	协助组员了解	大白纸1张		

时间	内容	目标	所需资源	工作员	备注
10：25 - 10：45 20分钟	茶歇 移交小组 社区活动计划动员 向组员告别	组员休息、放松及自由交流	水果、茶点	2位同工	
10：45 - 10：50 5分钟	新工作员/同工与组员互相介绍自己	互相认识	3位同工在场	3位同工	
10：50 - 11：10 20分钟	互动游戏——生日串游戏	新工作员融入活动中,与组员建立关系;加深组员彼此间的了解,营造和谐温馨的气氛	生日贺卡、生日歌		对理解和操作困难的组员给予引导、帮助
11：10 - 11：30 20分钟	对本次小组活动做简单的总结,告知下次活动的时间,新工作员与组员自由交谈	让组员对本次活动有一个整体的认识;让新工作员与组员彼此更加熟悉			主动关注比较沉默的组员

　　本节的活动主要是让组员分析自己家庭的财产控制情况,从中了解在家庭日常生活中,各方面的财产是如何支配的,主要由谁支配,家庭权力如何划分,并讨论获取生计信息的来源有哪些,可以去支配的资源有哪些。

　　在本节活动中,两个分析图的使用最大限度地帮助组员们了解自己家庭财产的控制情况以及如何有效利用资源来获得更多的生计信息。由于是简单的填图法，组员操作起来简便灵活，填完图之后，组员也清楚地看到自己家庭中成员的日常时间是如何支配的，以便更好地利用家庭成员的有效时间和空闲。（见下图）

家庭财产控制分析图

生计信息来源分析图（左）

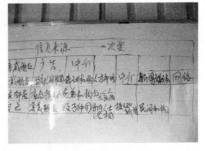

生计信息来源分析图（右）

5.2　社区组织建设案例

5.2.1　领袖工作

案例一：刘先生

刘先生，男，1964 年生，家住绵竹市天池乡大天池村，在当地某煤矿工作，地震发生时刘先生乘坐的汽车正由山上返回山下，车顶被许多巨大的石头压住，而刘先生的腿也刚好被巨石压住陷入进退两难的境地，傍晚时分，其妻子协同亲属和邻居等前往营救，却因为无法移动巨石而使救援工作陷入僵局，为了保命，刘先生做出决定：让家人锯断他的右腿，成功地实施自救。在后来的治疗中，其精神堪比当年关公刮骨疗伤，大家称他为"当代关云长"。

在与社工的交流中，刘先生明确表示参加家庭生计互助小组的初衷是"消磨时间"，板房生活的无聊、身体的疼痛感已经没有办法克服，因而渴望体验一种逃避或者新奇的生活方式。参与小组初期，刘先生同其他组员一样，玩游戏、交谈、分享，没有过多的打算和想法，每周参与小组活动和接受康复治疗成了他生活的全部内容。后来，刘先生参与小组的心情有了一些变化。他发现小组活动的形式是比较新奇的，逐渐打消了原本"参与一两次就离开"的敷衍想法，后来他越来越投入家庭生计互助小组的活动，也在社工的引导下，开始有了一些原本不敢想的生计想法。

刘先生是个有着丰富人生经历和管理经验的人，之前在煤矿当过领导，在一定程度上，对小组的其他成员也产生了"光环效应"。在前期活动中，他已经成了整个小组默认意义上的"领袖人物"，大家愿意听他的意见和想法。在"管委会"成员的公开选举中，刘先生和其他两位小组组员被大家推选为"管委会"成员，至此，一个由3人组成的自我运行管理组织正式产生，而刘先生也在这个组织中承担着重要的角色和任务。

选出"管委会"后，每次小组活动，社工的角色基本上转为后台的"协助者"，即应小组的内部需要适时提供协助和支持。因而，"管委会"成员的作用在此时便显得尤为重要。在整个家庭生计互助小组发展的关键期——生计项目确立及资金分配阶段，小组发展到了理论意义上的"激荡期"或者说"矛盾期"。由于涉及生计项目的探讨、敲定以及资金的分配事宜，所以这项工作显得棘手且敏感。但在"管委会"产生后，不管是在职责、章程的讨论中，还是在生计项目的规划设计中，刘先生都能积极地发挥影响作用，不仅能很好地领会"家庭生计互助小组"的理念和目的，系统地就"管委会"职责或组员的权利义务提出一些想法，而且能在小组活动过程中，注重和其他组员的交往互动，如在第八次小组活动中，女性组员对"管委会职责讨论"这个议题显得有些被动和漠不关心，刘先生观察到这一现象后，立刻发挥鼓动作用："欢迎在座的女士都发表意见"，这一建议不仅缓解了讨论中紧张的气氛，而且使女性组员避免了被忽视。这种动员现象的出现，不仅仅是整个小组内部凝聚力增强的表现，同时也是对刘先生作为"管委会"成员领导才能的诠释。

刘先生作为"管委会"的核心成员，也逐渐地在为家庭生计互助小组服务的过程中，逐渐认同和内化社工的相关技巧或者概念，直至今日，虽然不能完全懂得社会工作的深刻理念指导或支撑，但他自豪地以"社工"身份自居，并且不遗余力地为整个小组服务，甚至力图在整个社区的层面产生影响。目前，他已经成为一名名副其实的"青红社工"，当各种基金会伸出公益基金的橄榄枝之时，他同其他"管委会"成员一起，讨论如何回应，探讨在原居住地大天池村实施银杏树苗种植计划，试图以此来唤醒社区群众的"权力意识"，倡导大家不仅关注自身，而且要关注生活环境。当然，他们更想通过种植银杏树苗帮助大家增加经济收入。在青红社工的参与下，相信不久的将来，这个计划定会产生影响。而家庭生计互助小组也在小组层面上的"自助、互助"向社区层面上的"助他"的转变之路上，迈出了坚实的一步。

案例二：刘女士

刘女士，女，35 岁，绵竹市汉旺镇人，煤矿企业女工部部长。地震发生时她所在的单位正在召开会议。由于会议室在整幢建筑的 4 楼，她没有及时逃出，而是被压在预制板下，她的同事大多数也被埋在她附近的地方。据她讲，他们一个办公室的同事，就剩下她一个幸存者，有一个同事甚至一家人全部遇难。由于在预制板下压得过久，刘女士后来成了截瘫病人。在治疗过程中，某医生断定，她已经没有机会再站起来，只能一辈子在轮椅上度过。刘女士是一个乐观、积极的人，每天坚持锻炼，在家人的陪伴尤其是母亲和丈夫的鼓励下，她重新站了起来，还能尝试着走一段路。现在，她不仅能够在母亲的协助下四处走动，而且还为自己买了一辆残疾人专用车。她戏谑地说："我每天都开着奔驰去上班。"

刘女士对于青红社工的了解应该是始于刘先生（他们曾在一个地方接受治疗和康复训练）。在与刘先生的交谈中刘女士得知青红社工组织的第一期家庭生计互助小组的小组活动，起初有参与的想法，目的是想打发和消磨一些时光，后因故未参加第一期家庭生计互助小组。在第二期家庭生计互助小组开展之前的家访工作中，青红社工将其纳入考虑范围，对其进行深入摸底，了解了她在生计方面的打算和一些基本情况。此时，刘女士表现出很强烈的参与欲望。

在第二期小组活动中，刘女士一直都积极参与、表现活跃，展现出良好的领导才能。在第一节小组活动中，在工作员还没有集中开展活动的时候，整个小组气氛还比较沉闷、拘谨，刘女士主动提出：既然大家不认识，不如就从她开始做个简单的自我介绍，这一举动，引起了社工的注意，为她在组员们心中的形象建构奠定了坚实的基础，这也是后来她被第二期家庭生计互助小组

组员推选为"管委会"成员的原因之一。

　　第二期家庭生计互助小组以女性成员居多，因而，刘女士领袖地位的确立似乎具备了潜在的条件，女性组员之间联系很频繁，除了小组中的互动外，在私下里，刘女士也会经常和其他组员保持联系，如电话联系、相约游玩等，刘女士跟其他小组组员之间也是以兄弟姐妹相称。在一些个人问题上，也会彼此交换意见，分享感受。

　　如今，应某些女性组员的要求，刘女士依靠自身的人际关系网络，联系到当地一个年画坊，带领组内女性组员免费学习年画填绘技术，欲在汉旺新镇举办一个以青红家庭生计互助小组为名的妇女手工作坊，照顾女性组员自身的条件，满足她们的需求，同时也建立起彼此间的关系网络，为大家提供一个做事甚至增加经济收入的途径和机会。

5.2.2　"管委会"的运作

　　"管委会"是青红社工推动家庭生计互助小组民主选举产生的自我管理架构，由其实际负责、带领小组围绕生计发展进行互助的实践行动。"管委会"的人数和具体人选都是社工根据组员们讨论后的意见来决定，并经组员投票确定。"管委会"一经产生，小组聚会的活动计划安排、召集与主持以及平时小组组员间的相互支持帮助，都逐步由"管委会"负责，社工只是在一旁提供必要的支持与协助。

　　以"生计项目可行性与操作性分析"这一小组活动内容（即小组活动第十二节）为例。在本节小组活动中，活动内容以讨论和敲定生计项目并分析每一项目的可行性为主。欲达到的目标有三方面：①组员针对上节小组活动中提到的生计项目做进一步的可行性论证；②"管委会"带领大家充分表达开展生计项目的意愿；③组员针对目前已考察的生计项目进行利弊分析，表达自己

青红大家庭的合影

的参与意愿。"管委会"成员刘先生负责主持小组讨论,杜女士负责记录。会议主要围绕两个主题:①各自提议的生计项目的考察报告,包括启动资金数额、选址情况、相关信息等;②组员针对所提议的项目发表意见。刘先生首先以"社会效益和经济效益"开头提出一些看法,内容包括集体干的弊端(人员多,摊子大,不容易做,而且大家的经历、观念有所差异,资金、财务上也不方便管理。因此,如果合在一起做,由于受大家自身条件和周边环境的影响,可能无法取得最好的效果)、合伙干的好处(几个人一伙,点多了,人少了,资金管理更为灵活,投资风险减小了;人少了,收入可能提高,且增强了彼此间的信任感)、尊重大家的选择自由(大家可以合伙干,也可以单独干,不必有担心自己不合群的思想负担,只要项目好,可以以后带领大家一起发展生计)、鼓励充分发表意见或建议(大家在这次小组会议上丢开思想包袱,每个人都说出自己的想法,结合各自的特长和优势,充分利用好手上的资源)。而"管委会"另一成员马先生也摆出了自己的观点:希望大家踊跃提出看法,项目只有越讨论才能越成熟；小组组员都是平等的，每个人都要有责任心。可以从这一简单的会议内容节选中看到"管委会"工作的一些亮点。首先，"管委会"的集体行动。作为生计小组内部管理组织的服务者——三位成员是这样定义自己身份的——首要的是尽自己所能为小组组员贡献自己所知，提供尽可能全面的视角和选择。以项目模式为例，"管委会"明确地给大家分析了"集体项目"与"个人项目"各自的利弊，在分析之后也不忘澄清"选择自由"，即不受外力干扰和强制的"无压力思考"。"管委会"并没有征求青红社工的建议或者采纳任何专家意见为大家提供生计项目设计参考，而是完全基于自身资源和条件的思考与讨论。在对各生计项目进行的可行性分析中，"管委会"也是基于对每个项目的前期考察，发动整个小组以"头脑风暴"的方式进行分析。"管委会"对小组活动的把握显得更加成熟，能做到适时鼓励并及时叫停，从整体上很好地掌控小组的进度及讨论的气氛。社工基本上只需担任现场秩序维护者及资源提供者角色。

"管委会"作为推动家庭生计互助小组层面"互助"向社区层面"互助"扩展转变的一个动力机制，它的作用不仅仅体现为实现整个小组自身的"自助管理"，同时还通过组织面向社区的公共活动而在社区层面产生深刻影响。以"瑞雪兆汉城，青红迎新春"家庭生计互助小组新年联欢活动为例，此种类型的社区活动以聚会和联谊为主要目的，从活动前期的准备到后期开展，"管委会"作为发起人和组织者，试图实现完全意义上的自我管理和运行，青红社工作为技术支持和专业支持者，仅在活动策划书、物资准备以及安全保障方面提供协助。在"管委会"的带动下，家庭生计互助小组的"互助"含义在某种程度上有了微观层面的体现和诠释。同时，有众多家庭成员参与的社区活动一方面能引起社区对残疾人这一群体的关注，另一方面也为"向社区层面辐射"的终极目标的达成奠定了坚实的基础。

5.3 生计项目开展案例

案例一:"梦想起飞"的故事

自 2009 年 9 月中旬起,家庭生计互助小组的组员们陆续开展了各自的生计项目。在之前的生计项目讨论及可行性分析中,刘先生和另一位老刘先生、李女士三人因为开办"梦想起飞"干杂副食店这个相同的想法而走上了合伙之路。在前期小组活动的基础上,三人之间的信任感较强。在项目可行性分析中,组员老刘先生由于震前有过做生意的经验,组员都比较愿意同其一起开展合作项目。但老刘先生自称"能力有限",最多只能带两个人。小组提出让项目提出者自己选择合作伙伴,于是,再三考虑之下,老刘先生选择了刘先生、李女士二人,自此,"梦想起飞"项目小组基本成型。

"梦想起飞"干杂副食店成员

经过对后期资金分配方案的讨论,该项目获得了 15600 元的生计扶助资金,虽然与项目的预算金额还有一定差距,但他们表示自己会通过其他途径筹措资金。2009 年 12 月 5 日，"梦想起飞"干杂副食店（以下简称"梦想起飞"店）正式开张，老刘先生负总责，李女士记账，刘先生做出纳兼策划。在"梦想起飞"店开张的几周里，三人分工明确，各司其职，盈利情况不是很理想，但基本上不会亏本。但三人在行动方面都有些限制，因而在生计项目的开展上遇到了诸多难题，甚至一度陷入困境，但一些问题也在三人坚实的信任基础上迎刃而解。随着天气逐渐转冷，抵抗着严寒在帐篷中坐守对于三名身有残疾的家庭生计互助小组组员来说，是非常困难的，老刘先生很为其他两位组员考虑，主动承担了很多工作，也付出了大部分时间。其家人觉得太辛苦，认为他的身体会吃不消，曾一度劝他放弃。2009 年底，老刘先生由于个人原因退出了"梦想起飞"项目小组。2010 年 3 月，合伙项目初见起色，也由板房区搬进汉旺新镇的小区内。

此时，刘先生和李女士二人在经营理念上开始出现了一些分歧。刘先生认为：通过分析各方面因素，可以扩大项目规模，因为小区内的消费群体规模有所扩大，消费水平都在一定程度上较之前有所提高，且小区内也没有一个综合性的超市，市场空缺是比较大的。而李女士认为：盲目扩大规模太过于冒险，以后也不知道政府的政策会不会变，会不会修建综合市场，而且她在投资方面也有困难，没有办法筹措到这么大一笔钱。最终，李女士因为无法追加投资资金以及不赞同刘先生欲扩大规模的经营理念，而退出了"梦想起飞"项目小组。之后，刘先生在亲戚朋友的帮助下，扩大了经营规模，并在小区内找到了经营场地，简单做了装修后，"梦想起飞"店又开张了，并且比之前规模更大，成为天池小区内规模最大、货品最齐全的超市，也赢得了很多街坊邻居的口碑。刘先生也在此时表明了自己的观点：如果家庭生计互助小组内有人想加入"梦想起飞"

项目，他非常愿意和大家一起合作来做。若有小组组员愿意到超市内打工，待"梦想起飞"店发展到需要增加销售员时，首先考虑解决家庭生计互助小组内还没有启动生计项目的女性组员，帮助她们解决生计问题。争取将"梦想起飞"店发展为一个以关爱残疾人为主题的社会企业。

案例二：黄女士一家

黄女士是家庭生计互助小组的第二期组员，她自身并没有因震受伤。青红社工之所以考虑将其纳入家庭生计互助小组，一方面是因为她的女儿是当地某机构转介给青红社工服务中心的服务对象，另一方面也是因为黄女士本人有着强烈的生计意愿和勤劳、肯吃苦的个人品质。

黄女士家有4口人，丈夫长期在外地打工，女儿在地震中双腿被压截肢，承受心理和生理的双重折磨，婆婆年迈，家中劳动力有限。沉重的家庭负担和女儿心理创伤的难以复合，导致黄女士心理压力很大，一直处于高度紧张状态。

在生计项目可行性分析中，黄女士通过客观分析自己实际的家庭条件以及所拥有的资源提出了"发展养殖业"的想法。场地、经验等都是黄女士发展养殖业的有利资源，但限制条件是"散养"需要投入更多资金进行场地建设，即为所饲养动物提供宽阔和舒适的场地，而这会大大增加成本，而且养殖业风险也很大，预防疾病等技术也很难保证。对于此问题，家庭生计互助小组在讨论时也给予了积极的回应。在具体投入过程中，黄女士一家做了很多努力，试图得到更多的现有资源以减少投入。黄女士的丈夫听说附近某村有很多拆迁的废弃板房，已经有人搬走了许多，他也做了尝试，试图得到免费的板房资源以减少启动生计项目的投入。此外，家庭生计互助小组的组员也对其提供了多方面的帮助，如饲料提供（杨先生酒厂的酒糟可作为饲养家禽的饲料)、政策信息支持（朱女士通过自身的人际关系帮忙打听并提供一些有用的政策信息）等。第一批养殖母鸡，黄女士从中盈利2000多元，虽然钱不多，但对她来说，却是莫大的鼓励，使她更有信心进行后期的生计探索。

2010年冬天，由于天气过于寒冷，黄女士养的母鸡死了很多，这一事件对黄女士的整个家庭来说都是一个很大的打击，整个生计项目遇到了"瓶颈"，黄女士以为鸡是被冻死的，一度很伤心，也没有太多心思再去搞生计，积极性受到了打击。黄女士的丈夫去找他一个当兽医的朋友，试图咨询一些关于养殖方面的专业技术，才知道鸡是被压死的。因为天气太冷，它们需要挤在一起取暖（因为没有相对温暖的窝），很多鸡就是这样被压死了。了解此情况后，黄女士和丈夫立即采取措施，将鸡圈进行了改造，搭了若干间小房子，为鸡提供"单身宿舍"，采取这一措施后，鸡被冻死的情况大大减少。

但问题总是接踵而至，黄女士说即使天气再冷，感冒的鸡再多，她也不会给鸡喂食青霉素，死了的鸡就拿去掩埋，做人要对得起自己的良心。即使不赚钱，也不做伤天害理的事。虽然仍有磕磕绊绊，但总算艰难度过低谷期。现在再来回顾那一段经历，黄女士说，"很失望甚至绝望"，也没有心情再搞养殖，但是在那段时间，来自各方面的援助和建议让她感到还有希望，女儿的心理状况也好转起来，因而信心也越来越足，觉得"没有过不去的坎"。虽然鸡损失了不少，但却得到了经验，以后有组员想搞养殖的话，可以为其提供参考。总之，在战胜困难的道路上，黄女士及家人看到了互助的力量，身边总有一群人为自己出主意，关心自己。目前，养殖规模的扩大也意味着新的需要思考的问题的出现——销路问题。而黄女士也在积极探索着更有效、前景更广阔的生计之路。

5.4 组织发展案例

5.4.1 女性手工作坊

在家庭生计互助小组的人员构成中，女性组员占多数，在生计项目的讨论中，女性组员也更多地显示出与男性组员搭伙的意愿，很少有人愿意自己挑头单干。其中，组员朱女士在进行了多次尝试后，显得有些力不从心。2009年冬天，朱女士在家人的帮助下，将"小百货"生意由想法变成了现实，每天早出晚归，学做生意，学拉买主（拉顾客）。一段时间后，朱女士多次来到社工站找青红社工聊天，坦言她自己还是不会做生意，也不怎么会说话，每天来来去去也很累，与男人相比，女人确实只适合在固定的地点做一些手脚上的活儿，毕竟还要照顾家里面、做饭洗衣等。孟女士虽然在做生意的能力上比朱女士强很多，但是由于她个人性格敏感，多次遭受打击，这使她对生计项目也有了诸多的畏难情绪。在一次进货途中，她骑的残疾人三轮车被一辆年轻人开的小车追尾，在与年轻人讲理的过程中还发生了争执，自那以后，孟女士便一直没有再出门。她也与社工分享了她的感受：不想再出去奔波，女性毕竟不同于男性，很多事情担当不了，若能有一个比较稳定和轻松的环境，对于女性，尤其是身有残疾的女性来说，是最好不过的了。在青红社工家访的过程中，多次听到女性组员这方面的需求。

2010年5月左右，小组组员刘女士从其朋友处打听到有一个年画绘制手工作坊，专门义务教授残疾人"绘年画"的技术，绘画过程也很简单，对作画技术也没有要求。经过多次联系，对方同意为家庭生计互助小组的女性组员们提供免费培训。社工与"管委会"成员在统计了有参与意愿的组员名单后，亲自前往绵竹市残联参观了画坊，并与教授作画的杨老师进行交流。初步组织后，家庭生计互助小组共组织了8名组员进行学习。

在学习过程中，家庭生计互助小组的 8 名组员总是共同行动，包括包车前往、下课返家等，体现了集体观念，显示了凝聚力。画坊的老师也惊讶于这种高度的凝聚力和行动力，作为一个整体性的小组，她们已经试图将影响力扩展至社区层面，甚至更广。

5.4.2　银杏种植合作社

在生计项目的可行性分析阶段，组员马先生便就种植银杏的相关条件和要求做了较为详细的分析。这是因为马先生在震前就有丰富的银杏种植经验，且拥有丰富的土地、人力资源等。同时，他也明确表达了希望有组员能够参与到他提议的项目当中的愿望。鉴于种植银杏见效慢，至少要 3 ~ 5 年时间，且组员们身体条件受限，因而当时基本上没有组员参与其中。

近日，在对生计项目的逐步跟进中，"管委会"的成员们再次就家庭生计互助小组组员们的生计项目进行了讨论，原有的很多项目因为种种条件不成熟或者环境资源发生变化被搁置，因而，整个家庭生计互助小组面临环境所带来的新挑战。

此时，马先生再一次提出他的银杏种植项目设想，也在第一次展示的基础之上有了更为详细和理性的分析。家庭生计互助小组成型期间，通过社工链接的各种资源，小组组员也得以参加各种类型的交流活动，接触和认识更多有着新鲜概念的东西，同时也将各种新鲜的理念带回小组内同其他组员共同分享。刘先生的港台参访之旅对其影响极大。"部落厨房""生态村"等是他回来后经常提起的词，其间，在"管委会"牵头组织下，家庭生计互助小组举行了一次交流兼联谊活动，家庭生计互助小组的其他组员也是第一次听说台湾、香港等地的社工事业发展情况。

此次分享刺激了一些组员的想法，他们也开始考虑马先生提出的生态价值与经济价值兼具的"银杏种植计划"，此时，青红社工以此为项目申请向某基金会提交了申请计划，并被通知参加答辩。

在项目答辩期间，组员们多次聚在一起商议银杏种植计划的设计、实施模式等，积极性极高。最终大家决定由家庭生计互助小组牵头，在社区内进行倡导，向合作社模式发展。组员原在村有过兴办合作社的历史，有成功的经验也有失败的经验，家庭生计互助小组尤其是"管委会"试图在青红社工的帮助下，促成这个新型合作社。

至 2010 年 9 月底，家庭生计互助小组在青红社工的协助下基本完成了对整个天池小区的摸底工作，了解了基本情况，"银杏种植计划"正一步步地接近小组的目标。

6　反思与改进

6.1　理论层面

（1）身体康复与发展性工作更有效的结合

残疾人社会工作之所以成为社会工作领域中难以驾驭的一个领域，其主要原因在于服务对象以及所希望达到效果的特殊性。首先，服务对象的特殊性在于这是一个行动力在不同程度上受到限制的群体，在服务的开展过程中有诸多需要慎重考虑的因素，尤其是活动开展的安全性问题。其次，基于服务对象的特殊性，服务所要求达到的效果也是难以显现的：一方面要在身体的康复上有所体现，另一方面也需要有发展性效果显现。青红社工在处理服务对象行动受限的问题上做得较为细致和全面，在活动开展期间，无任何一起安全事故出现。但由于机构自身的专业限制而不能很好地在康复工作方面亲力亲为。青红社工的处理方法是与香港复康会、德阳红十字会等专业康复机构合作。虽然目前一些组员的生计项目相对开展得不错，但仍然有组员因为身体康复得不彻底而暂且将生计项目搁置。社工鼓励组员以身体康复为第一要事，在身体康复情况较好的前提下开展生计项目。在此基础上，最理想的结果便是将身体的康复与发展性工作更为有效地结合起来，将二者相互抵触的关系转变为一种互为促进的正向关系，真正从生理和心理两个层面实现"发展性"的要求。

（2）更深入的"增权"之理念实践度

在家庭生计互助小组的实践过程中，"增权"理念一直处于社工所抱持理念的核心位置。然而在具体的操作中，"增权"理念实践在范围和深度上都遇到一些障碍，即在整个小组范围内，极少的组员能够真正或者大致把握此理念的含义，也很难意识到其自身在"增权"实践中所处的中心地位和掌握的主动权；个别组员对这个概念有较为浅显的理解，但实际上也不能从生活中找到与之相对应的完美案例。个别组员如马先生、刘先生等由于个人特质和人生经历，能够在其自身意义上对"增权"有所把握，比如向当地有关部门主动提议要求增加整个市区的无障碍基础设施。这一举动足以说明他们作为残疾人对自身权利意识的警醒，以及对自身所拥有资源进行的再分析。与之相反，其他组员对这一理念的理解还达不到同样的深度。当然，意识的转变是一个极为漫长的过程，也不是能够清楚洞悉的，因而在后期的工作中，社工仍然担负着"任重而道远"的使命，同时，为了实现更深入的践行这一理念，可以考虑在运用增权理念作为理论背景支持的同时，形成一套行之有效的、能将这个概念操作化到服务对象生活世界中的实务计划。

（3）更深入的集体生计实践

集体生计实践作为一个讨论已久的主题不断地在被尝试。家庭生计互助小组在发展过程中也积累了这方面的经验，有其值得借鉴之处。在生计项目的探讨中，老刘先生、刘先生、李女士三人基于彼此之间的信任关系共同承担了"梦想起飞"项目的运营工作，并且有着向社会企业转向的美好愿景。起初，三人之间的合作没有太大问题，但到了后期面临经营模式的转向时，刘先生和李女士的经营理念发生了冲突和矛盾，最终，合作项目变成了刘先生的"独干项目"。"梦想起飞"项目小组的最终解体虽然令抱有"合作理想主义"的社工有些泄气，但在此过程中总结的经验应该更值得关注：集体生计实践的力度还不够，容易受到外在因素的影响。虽然整个小组的凝聚力和归属感比较强，但仍应考虑到在涉及资金以及相关利益时各组员价值取向的差异问题，即使能够形成包容差异的局面，但差异性所带来的微妙影响也是应当慎重考虑的。

（4）注意更加平衡地关注服务对象

由于小组中某些组员所具有的特殊经历和遭遇的人生事件，媒体等对此关注较多，随之而来的对他们的采访、新闻关注等也较多。为了避免这些受到过度关注的组员逐渐失去理性思考和正确处理问题的标准，也避免其他组员不自觉地产生的对比心理甚至由此而生的自卑感或不平衡感，社工应注意分清服务对象在小组中的角色，一视同仁地对待每一位服务对象，避免"光环"带来的阴影效应。

6.2 实务层面

需求评估中的"信息片面"。青红社工对理想的"家庭生计互助小组"的设计在具体实施和操作上存在一定的限制，首要的难题便是服务对象的选取。前文提到，机构所借重的东方职业技术学校在这个难题的解决上给予了支持，青红社工与服务对象的接触便是始于该学校举办的"残疾人创业培训"。在对接触到的服务对象进行评估时，社工在信息了解上有些片面和局限，只是单方面考虑到其家庭支持网络较为破碎，因而认为其经济条件也处于一个较低的水平，并且其生计意愿也不是很强烈，所以将其纳入家庭生计互助小组。然而在后期的互动中，张女士的经济条

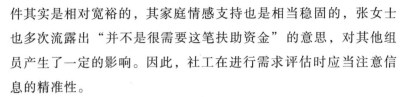

件其实是相对宽裕的，其家庭情感支持也是相当稳固的，张女士也多次流露出"并不是很需要这笔扶助资金"的意思，对其他组员产生了一定的影响。因此，社工在进行需求评估时应当注意信息的精准性。

信息传达的"非本土性"。在参与式评估工具的学习阶段，虽然社工已经对"工具"进行了简化处理，但仍然出现了"沟通失败"的情境。因为信息发出者即社工与信息接收者即服务对象其实并不处于同一文化空间内，即使某些社工会讲当地方言，但在讲到工具的内容、使用方法以及意义时，组员仍然在很大程度上感到晦涩而容易转移注意力。在第二期小组活动的开展中，正好带领的社工是当地人，本土语言的传达效果显然较第一期要好得多，组员更容易理解，也更能结合自身经验进行思考。

注意挖掘适宜的发声途径。在小组活动中，社工在多处设置了"愿望树"环节，希望组员通过画画的形式将心里的生计愿望、打算或其他信息展示出来。但在实际操作的过程中，采用画画的方式也出现一些困难，如组员认为这种方式过于幼稚，是小孩子的表达方式，在某种意义上有些难为情的情绪出现。虽然在社工的鼓励和解释下情绪有所缓解，但对于组员真实想法的表达依然产生了一些影响。因而，在小组活动或团体活动中，对于表达方式受限制的一些组员，如易害羞者、难为情者，包括一些易受忽视群体（妇女、儿童等），社工应当尽可能多地考虑多种发声途径，如有学者提到的"影像发声"等方法，都是可以借鉴和采用的。

小组领袖的"单一性"。领袖的"多样性"特征不明显。在对小组领袖的挖掘和培育中，虽然最终成功地培育出了小组的领袖人物，但不能排除与这些组员在震前就具有丰富的领导经验或人生经历有关。而在一个异质性较为明显的小组中，社工应当注意发现每个人的独特性和领袖才能，即根据每位组员的才能给予锻炼和"行使权力"的机会。在这一点上，青红社工将在后期的跟进中多方面地拓展服务视角和领域，尽可能多地为每位组员提供当"领袖"的机会，尤其是女性组员。

小组理念意义传递的"模糊性"。在小组建立初期，青红社工除了关注在服务对象之间建立信任关系外，尤其注意对"家庭生计互助小组"与"生计发展"的概念加以澄清，即生计的探索只是作为一种手段，重要的是小组组员能够在此过程中发现自身的潜能，保持和健全人的持续交往，等等，"社会功能"应当大于"经济功能"，当然，若生计项目也做得出色便再好不过。然而，这种澄清给某些组员在心理上造成极大的压力，她们总是担心生计项目做不好会愧对老师和家庭生计互助小组。这种压力的产生使组员有不同层次的困扰。因而，社工在"意义传递"的工作上还应下更多的功夫，或者借助一定的技巧，避免这种压力扩大化，否则生计的探索便会陷入"南辕北辙"的尴尬境地。

需求回应的"不恰当性"。除了生计探索方面的困惑和难题外，小组组员在一些涉及个人生活方面的问题上也会积极寻求社工的帮助和支援。一方面，这是服务对象与社工之间存在"信任感"的一个有力体现；另一方面，社工应当注意避免服务对象在此过程中因为不断地"信息索取"而产生依赖感，失去自我思考和行动的能力。因而社工在对服务对象需求的回应上，应当认真衡量、谨慎把握。

创造社区活动的"新鲜感"。家庭生计互助小组开展的社区活动一直以来都是在固定的场地开展，模式也基本一致。虽然服务对象依然能保持较高的参与兴趣，但当中其实是掺杂了对青红社工的尊重和肯定的个人情感。所以，在后期开展的社区活动中，社工应当尽可能转变之前活动开展的模式，尽量开辟更多的活动领域，使活动更具新鲜感，更具创新性。

参考文献

安东尼·哈尔、詹姆斯·梅志里：《发展性社会政策》，罗敏、范酉庆等译，顾昕审校，社会科学文献出版社，2006。

何欣、魏雁滨：《专业化：残疾人自助组织发展的影响因素》，《中国人民大学学报》2011年第5期。

李晓云：《农村合作经济组织》，吉林科学技术出版社，2008。

马洪路：《残疾人社会工作》，中国社会出版社，2010。

迈克尔·奥利弗：《残疾人社会工作》，谢子朴译，华夏出版社，1990。

米奇利：《社会发展——社会工作实践的一种取向》，吴丽娟译，《中国社会工作》1998年第3期。

孙亚丽：《社会网络理论在城市社区建设中的运用——以北京市 YF 社区为例》，《社会工作（学术版）》2011年第9期。

Alex Gitterman and Lawrence Shulman, *Mutual Aid Groups*：*Vonlerable Populations and the Life Cycle*, New York：Columbia University Press, 1994.

B. B. Solomon, *Black Empowerment*：*Social Work in Oppressed Communities*, Columbia：Columbia University Press, 1976.

J. Midgley, Defining social developmet：Historical trends and conceptual formulations, *Social Development*, 1994, Vol. 16 (3).

J. Midgley, *Social Development—The Developmental Perspective in Social Welfare*, London：SAGE Publications, 1995.

J. Midgley and Kwong-leung Tang, Social policy, economic growth and developmental welfare, *International Gournal of Social Welfare*, 2001 (10).

M. Bak, Can developmental social welfare change an unfair world？*International Social Work*, 2000 (5).

M. Gray, *Developmental Social Work in South Africa*, London：Ashgate, 1998.

第六章　以学校为本的康复社会工作

——以香港理工大学"四川 5·12 灾后重建
学校社会工作项目"为例

陈会全 *

1　汉旺学校康复社会工作服务背景简介

汉旺学校康复社会工作服务是"四川 5·12 灾后重建学校社会工作"项目的重要组成部分，项目为香港理工大学和四川大学合作项目。该项目基于香港理工大学 2008 年暑期项目的数据和经验，通过对 12 所灾区学校进行为期 2 个月的需要评估，历时 6 个月的选址、筹资、计划等，2009 年 2 月社工站在汉旺学校正式成立。

汉旺学校位于绵竹市汉旺镇辖区，原有教学班 64 个，其中中学 10 个班，小学 54 个班，在校学生 3400 人，教职工 190 人。绵竹在"5·12"地震中是重灾区，很多学校的教学楼基本被毁，因此其他教学点（武都、天池）都被合并到汉旺学校（在武都镇板房区内），集中上课。板房学校共有教师 240 余人，学生 3126

＊　陈会全，成都信息工程学院文化艺术学院社会工作专业讲师，香港理工大学社会工作硕士（中国）。2004 年毕业于云南大学社会工作专业，获学士学位。四川"5·12"地震后一直从事灾后重建工作，2008 年 7 月在阿坝州小金县参与香港理工大学"以游戏为主导的儿童暑期服务"项目，2009 年 3 月至2010 年 3 月在德阳什邡主持"洛水学校社会工作"项目，2009 年 2 月至今参与香港理工大学"四川 5·12 灾后重建学校社会工作项目"，进行康复社会工作实践，并负责汉旺学校社工站督导工作。

人，教学班级约 48 个，其中包括初中班级 6 个，平均每班 50 多人；小学班级 42 个，平均每班 50 人；幼儿园班 18 个共 760 人，住校学生 500 多人。

作为有灾后特色的学校社会工作，社工站主要提供以下服务：每天中午开放活动室以提供偶到服务，招募小学生志愿者来管理活动室，在服务学生的同时也能提升小志愿者的能力；晚上则针对住校的学生，通过招募组员的形式提供以游戏和戏剧为主的体验性成长活动。通过举办不同主题的活动，既丰富了小学生的夜间生活，也能改善其自我形象，提升其团队协作意识；针对震后汉旺学校教师一直没有足够的休息时间，其工作、家庭、情绪压力较大，特别是震后合校使得教师团队需要重建，工作站与校工会合作，分批开展面向全校教师的放松活动，其间加入团队建设的元素，在面向教师提供服务的同时更加密切与学校的联系。

汉旺学校在"5·12"汶川大地震中，遇难学生 226 人、教职工 21 人。学校校舍及教学辅助用房全部损毁，计 39000 平方米，围墙全部倒塌，自然实验和电教等教学设备全部损毁，此次地震中，学校财产等损失共计 5000 多万元。此次地震，伤残学生约 101 人，根据社工站建站之初的了解，大部分伤残学生都回校复课，其中有 4 人是肢残学生，其他受伤学生（约 12 人）还在医院接受治疗，另有部分伤残学生在家休养。

鉴于汉旺学校所面临的庞大的康复需要，社工站在提供一般学校社会工作服务的同时，将针对伤残学生的康复工作作为服务重点。社工站的康复服务对象是地震中受伤的、存在假肢问题的、地震中神经损伤的、骨折仍未康复的、地震后身体不适难忍但不明原因的学生。

为了能够充分回应学校及康复学生的需要，社工站共招募了 6 名本土社工、2 名治疗师和 1 名专业督导，此外，还有 1 名来自香港理工大学的社工顾问和 2 名来自香港复康会的康复顾问，由

香港思健、凯瑟克基金、新甸豪新生活协会、香港儿科医学会和
宜家家居（成都）赞助。汉旺学校社会工作服务项目为期 3 年，
于 2011 年 12 月结束。

三年来，社工站携手学校、当地机构和志愿者，面向 80 多
名伤残学生、100 多名教师和 100 多名康复学生家长，开展了多
元化、跨专业的服务。社工站通过联系家庭、学校和社区，不仅
建立、发展了学生及其家庭的支持网络，而且培养了一大批本地
志愿者。社工站志在建立一个因地制宜、尊重当地文化和背景的
学校精神健康网络。

2　重要的理念及概念

2.1　社会包容

关于包容的理解有很多，通常意义上的包容是指宽容、接
纳，是内心"慈悲喜舍、善良仁爱"的自然流露，包容的人组成
包容的社会，人们在包容的社会中彼此开放、支持和鼓励，愉快
地生活于其中。

李楚翘在论述社区康复时指出，包容的社会是以平等人权的
康复概念，假设残疾人士在社区中有自己的位置，他们被认同为
社会的一分子。她认为康复工作的主题是包容及营造一个包容的社
会，"社会包容"（Social Inclusion）不同于"正常化"（Normaliza-
tion）和"社会融合"（Social Integration）。后者是假设残疾人士
是异常或被边缘化的，而康复就是要把他们纳入所谓"正常"人
的生活和行为模式，通过提升残疾人的各种能力，把他们从社会
边缘处带回主流。而社会包容受后现代主义的影响，认为残疾是
社会建构的产物。它并没有否认残疾人问题的存在，而是诚实地
将这一问题归咎于社会，认为导致残疾人产生问题的并非残疾人

个人的无能，而是由于社会未能提供充分的服务。残疾完全是社会强加给残疾人的东西，包括从个体的偏见到制度性的歧视，从公共建筑的障碍到交通系统的限制，从隔离式的教育到排斥性的工作安排。社会建构理论认为是环境而非个人创造并维持了残疾人的无能状况。[①] 因此，社会包容认为无论残疾与否，每个人都有权利在社会中生活，在不侵犯别人的权利下选择自己的生活方式。因此，李楚翘指出，社区康复就是要支持残疾人士在社区内生活，并且能联系到区内的社群，共同分享彼此相联和归属于社区的感觉。如果一个社会里的大、小社区能相继发展成为包容的社区，这个社会亦会发展成为一个包容的社会，即一个平等、多元化及和谐融洽的社会。[②] 从上面的论述中可以看出，"社会包容"强调人本身的价值和生活于社区的事实，它支持伤残人士自主而轻松地生活于开放的、接纳的和多元化的社会中，并通过积极的交互影响实现双方的动态平衡。

黎熙元、陈福平认为开放的社会容易形成个人的社会支持网络，这个网络中蕴含的信息和资源越多，成员能够获得个体发展所需要的社会资本也就越多，社会支持网络有增加个人福利的功能。[③] 陈肖龄认为"随着社会环境变迁、教育普及化、全人平等、共同参与的诉求日渐得到认同。社会人士明白到残疾人士亦享有和其他人同等的权利与义务，而不再认为残疾只是个人的缺憾和问题"。残疾人同样有自己的特点和能力，同样可以发挥自己的特长。[④]

① Juliet C. Rothman：《残疾人社会工作》，曾守锤、张坤译，华东理工大学出版社，2008。

② 李楚翘：《社区康复——康复服务之新里程》，载蔡远宁、杨德华主编《香港弱智成人服务：回顾与展望》，香港：中华书局，1997。

③ 黎熙元、陈福平：《公共福利制度与社会网的功能互补——包容性社会政策的基础》，《中山大学学报（社会科学版）》2007 年第 6 卷第 47 期。

④ 参见丁梁杏芬、倪凌锦霞编著《个人、家庭、社区——康复服务整合新体验》，救世军康复服务出版，2006。

从学者的论述中不难看出，社会包容对人原有的自身价值和能力的重视，强调伤残人士个人的主动性在康复中的积极意义。除此之外，也强调对环境中所蕴含资源的重视，伤残人士生活于其中的社区资源的多寡极大地影响着个体功能的发挥。而资源可以物质形态出现，也可以精神形态出现，如开放、包容、接纳、多元等。

在跟地震致残学生的接触中，我们能够深刻感受到个人与环境的失衡，感受到个人、家庭及社区在面对伤残时的压力及他们之间充斥着张力的互动。地震致残学生在受伤特别是在截肢之后开始变得自卑，自我形象及人际关系的质量都严重下降，家庭、学校和社区缺乏无障碍设施，社区居民在潜意识里觉得康复学生是"有问题的孩子"，都是"病人"，这些都使得他们不愿或难以出门。同时他们的家长也面临着种种照顾压力，学校的老师在安排他们的学习和活动方面也面临着压力。因此，康复工作不能只针对康复学生，社区中与其有密切关系的群体同样需要关注。

从社会包容出发，社工相信残疾是社会建构而成，"残疾人"是社会习得的产物。所有人共同在社区生活，伤残及非伤残人士是不同，而非不平等。大家享有相同的权利。康复学生是有潜能的，他们需要并能够认识和发挥自己的潜能。人的问题和需要存在于其生活的社区，而解决问题、满足需要的资源同样存在于社区。因此社工站在"社会包容"理念的指引下尝试联系家庭、学校和社区，邀请康复学生、健全学生以及他们的家长和老师一起参与活动，让康复学生重新认识和接纳自己、改善人际关系、提升自信心、建立自我认同，并通过在社区宣传包容的概念营造一个包容、接纳、多元的社区环境，最终达到康复学生个体与环境的动态平衡。

2.2 生态系统观

生态系统观（System Theory）首先是一种评估案主问题的视角，它在看待问题时不再局限于案主本人，而是同时关注案主所在的环境，强调环境对案主问题的影响。它对案主问题所持的观点为：不再将案主问题形成的原因局限于传统的疾病医疗模式或心理病理治疗模式，或个人归因模式，而是同时兼顾环境模式和社会病理模式。也就是说，考量案主外在环境的社会支持网络、社会资源分配不均等；评估问题的焦点不仅在于案主个人内在的生理或心理行为特质，而且在于与案主相关的微观、中观、宏观等各层次相关情境的特质、功能和运作模式；案主问题的相关层面或系统的各部分，都是动态的，不断在消长和变化，所以需要不断地进行评估；对案主问题的处理采取周延和连续的整合观点，即在横切面同时考虑问题的所有相关层面，以及在纵贯面须注意问题的处理流程和阶段性步骤，如接案、诊断、规划、执行、评估和结案或追踪。

Allen-Meares 和 Law 提出了一种三维生态评估方法，包括六个评估原则：①应该从与案主发生互动的多个生态系统（如家庭、学校、工作场所等）中收集资料；②信息来源应该包括案主、案主生活中的重要他人和社工的观察；③应该对描述案主和情境的所有变量，包括个体的人格、行为、身体条件以及环境进行评估；④信息应该尽可能全面；⑤应该以有条理的方式整理信息；⑥应该将评估与多种干预，包括对个体的干预和对环境的干预联系起来。[1]

生态系统观还利用视觉工具来清晰地表达案主与各种环境之

---

① 参见 Juliet C. Rothman《残疾人社会工作》，曾守锤、张坤译，华东理工大学出版社，2008。

间的关系，其中最常用的就是生态图或家庭生态图。在图中可以将与案主有关的所有环境因素都标示出来，形成一幅案主的生态图。在这幅图中，除了可以考察案主的问题之外，还可以探索案主的情感、社会关系等，从中发现解决案主问题的资源。

生态系统观为评估案主也为介入方案的制订提供了一个方向，即在选择行动方案时，在强调个人改变的同时，个人所在的环境也需要进行调整，社工在提供服务时除了要影响个人，也要影响环境，以及个人与环境的关系。即：不但注意个人的内在因素，而且强调外在环境状况；对案主问题的回应和处理，不仅要从个人的认知和行为下手，而且要兼顾其家庭、团体和社区的支持网络；倡导全人和全方位，重视社会脉络，认为案主有多元需要，须从不同理论模式和行动策略入手。协助案主从外在环境中获得生存所需的信息和资源；协助案主在系统整体上维持相当的稳定、平衡和完整，特别是在维持动态和静态平衡之间寻求最佳的协调方式。

地震中受伤致残特别是截肢学生出院后面临着一系列需要，除身体康复需要之外，还有自我认同和回归社区的需要。生态系统观这一视角将问题产生的原因归为社区和个体所生活的环境。康复学生个体及其所在环境（如家庭、学校、社区）被看作是同时影响个体行为的两个因素，且强调两者之间存在着交互影响。[①]生态系统观认为个体与环境总是会做出改变以适应对方的变化。在操作层面上我们可以对康复学生个体和环境的任何一方进行干预，且预期此干预可能对另一方所产生的影响。在正常情境下，个体与环境处于一种动态的平衡，康复学生出院后面对压力情境，如个体的需要和依赖程度上升，同时满足需要和依赖的能力

---

① Juliet C. Rothman：《残疾人社会工作》，曾守锤、张坤译，华东理工大学出版社，2008。

却在下降，而环境可能无法满足康复学生日益增长的需要，人与环境之间的动态平衡被身体致残这一事件打破。因此，重建个体与环境之间的动态平衡，帮助康复学生建立自我认同和顺利回归社区就成了康复社会工作的重要目标。

要顺利实现这一服务目标就需要社会工作者根据生态系统观，在工作过程中接触与案主相关的环境中的所有系统，寻找一起工作的系统，明确需要改变的系统。为了便于细致地分析和认识这些系统，Pincus 和 Minahan 将它们分成四个基本系统，分别为改变媒介系统、案主系统、目标系统和行动系统。此部分内容在后面会有详细阐述。

2.3 跨专业合作

在医疗、社会服务、教育和政策领域，往往都是以团队形式出现，所以常常会用到跨专业（Interdisciplinary）这个词。英文当中 multidisciplinary、interdisciplinary 和 transdisciplinary 三个意思相近的单词，翻译成中文分别为多种专业、跨专业、贯通专业，即三者在专业合作的程度上存在不同。①

Multidisciplinary（多种专业）强调多种专业的人士对同一个问题进行研究，试图在各自领域的框架内对问题进行理解，而并不强调各个领域间的合作或是发展出共同的概念框架。这种模式类同于智囊团（think tank）模式，其目标是解决一个迫切的问题，而非拓展学科视野。Interdisciplinary（跨专业）通常指在研究和社会服务环节，来自不同专业的工作人员共同协作、调适各自的研究或服务路径，以更准确地切入问题，但仍保持一定的专

---

① Bernard C. K. Choi and MSc Anita W. P. Pak, Multidisciplinarity, Interdisciplinarity and Transdisciplinarity in Health Research, Services, Education and Policy: 1. Definitions, Objectives, and Evidence of Effectiveness, *Clin Invest Med* · Vol. 29, no. 6, Dec. 2006, pp. 351 – 364.

业界限。Transdisciplinary（贯通专业）则是通过打破学科传统规范的樊篱以取得更有启发性的成果，是最高层次的跨专业、跨学科合作，即"你中有我，我中有你"。

社会工作不是一个全能的专业，并不能回应案主所有的问题，社工常常需要同其他专业合作，以开放的姿态，发挥各自的专业优势并彼此协调，形成一个服务团队，共同为案主提供服务。康复学生面临着身体、心理、社区等多层次康复需要的现实，因此工作站建立社工和治疗师跨专业的合作机制，即社工和治疗师共同协作，针对案主的需要从各自专业出发并采纳对方的专业建议，从一个更加全面的视角共同评估案主问题并制订服务方案，以便保证服务质量及更好地服务案主，这是跨专业（Inter-disciplinary）的例子。郭伟和认为，"所谓的跨专业是指任何人类服务专业，不管是心理辅导、社会工作、教育、医疗和护理等，都要以案主的利益为本，形成一种密切的合作关系来提供个别化的服务"。[1]黄伟坤认为，宁养服务中的跨专业可以有三种形式，即个案会议、跨专业查房和交班会议，通过这三种形式建立一个比较完善的各专业沟通平台，通过此平台，各专业人士都能够比较全面、及时地了解每一位服务对象，并提供个性化的服务[2]。龙迪在社区保健服务中同样指出了跨专业的重要性，在文章中，她重点提到社工和医生充分沟通、协调对服务对象的重要性。[3]

跨专业并不是多个专业的人士只是在一起工作，但彼此缺乏联系。它强调的是各个专业的人员通过密切合作建立一个沟通平台，为服务对象提供全方位的个性化服务。成功的跨专业合作包

---

① 郭伟和：《越轨青少年社会干预的基本倚重和工作策略》，《中国青年研究》2004年第11期。

② 黄伟坤：《宁养服务中的跨专业合作技巧》，《中国社会导刊》2008年第24期。

③ 龙迪：《专业介入：从一个人到一群人》，《中国社会导刊》2008年第10期。

括精心挑选的团队成员、具体明确的岗位要求、优秀的团队领导、能及时沟通的平台、有效的激励机制、共同的服务目标等内容。①

挑选团队成员是跨专业合作的第一步也是最重要的一步。在挑选成员之前首先需要明确岗位及该岗位对成员的要求，如应具备的知识和工作要求等。跨专业通常要求团队成员在不同专业之间进行经常性的沟通协作，因此成熟和灵活的候选人往往比较受欢迎，另外，成员在跨专业合作中能否做到投入并愿意分享彼此的观点亦是重要的考量因素。跨专业的合作团队需要有一个能够统筹协调的团队领导（team leader），在他/她的协调、跟进及监督下，各专业人员明确共同的目标并朝同一个方向努力，为服务对象提供全面的高质素服务。而为了保证服务目标的顺利实现，有能及时沟通的平台和有效的激励机制就十分必要，团队领导需要通过沟通平台（如个案会议）将各专业的人员召集起来，从各自专业角度交流分享面前的工作，如遇到的困难、取得的成果及接下来的服务内容。在一个成熟的跨专业合作团队中，成员甚至能够做到从对方的专业角度分析并提出在接下来的工作中可以跟进的内容，如治疗师在康复训练时发现康复学生情绪低落，并且已经影响了其康复训练的积极性，治疗师可以在个案会议上提出并建议社工去留意其情绪问题；社工在跟进过程中发现康复学生身体受伤部位疼痛，在个案会议上也可以建议治疗师关注其疼痛部位。在个案会议的最后形成服务决议，明确各专业接下来的服务内容和专业之间的协作方式并约定下次举行会议的时间。要使不同专业人员亲密协作，激励是必要的，如团队领导可通过组织

① Bernard C. K. Choi and MSc Anita W. P. Pak, Multidisciplinarity, Interdisciplinarity and Transdisciplinarity in Health Research, Services, Education and Policy: 1. Definitions, Objectives, and Evidence of Effectiveness, *Clin Invest Med* · Vol. 29, no. 6, Dec. 2006, pp. 351 – 364.

大家一起找到共同感兴趣的问题的答案，另外，合作文化的建立亦是一种激励。

2.4　全人康复（Holistic Rehabilitation）

"全人"是指个体是系统、全面的，由不同维度共同构成的一个个体。"全人"要求我们在对待他人时应有一个整体的看法，个人在不同时间、空间会有相应的表现，因此应避免由此时此刻的印象和个人偏好、偏见所形成的片面认识，进而定型对方。目前在教育领域"全人"是比较流行的概念，张东海在谈到全人教育时提出整体的、联系的观念，强调教育要培养整体的人。[①] 吴桐也指出全人教育体现了教育的整合性、多元性、全面性与发展性。[②] 同样，康复工作也需要一个整体视角来重新检视之前的工作。康复领域的"全人"视角亦要求有一个整体视角和服务体系，其背后的假设为：人的残疾除生理层面之外，还有因生理原因造成的心理和社会的不适应，三者相互建构和强化。生理上的残疾（如截肢）容易导致自信心低落、自我形象差，使得残疾人士的社交水平下降、社会参与度低，而这又反过来影响其生理层面的康复训练不积极，身体恢复情况不理想，故三者共同造成个体的残疾现实。因此，康复服务应该引入一个"全人"视角，关注服务对象生理、心理、社会，家庭、学校、社区等不同层面的需要并给予及时回应，而不只是关注其生理层面的康复。

生理层面的康复是康复服务最重要的部分，亦是服务对象及照顾者最关注的部分。生理层面的康复效果比较明显，容易让服务对象看到，同时服务过程也容易体现服务提供者的权威

---

① 张东海：《通识教育：概念的误读与实践的困境——兼从全人教育角度理解通识教育内涵》，《复旦教育论坛》2008 年第 6 卷第 4 期。

② 吴桐：《关于全人教育理念下的香港中文大学书院制度的思考》，《高教发展论坛》2009 年第 11 期。

性，能够增强服务对象的信心并继续接受服务。鉴于生理康复需要的紧迫性和效果的明显性，生理康复往往是康复服务的首选目标。从"全人"的视角出发，生理康复是基础更是开始，服务提供者应以生理康复为载体，过程中兼顾服务对象心理、社会层面的需要，并给予回应。姚尚满从全人康复的角度指出，残疾人康复是指综合地和协调地应用医学、社会、教育等措施对残疾人进行训练或再训练，减轻致残因素造成的后果，以尽量增强其活动功能、改善生活自理能力，以便重新参加社会活动。[①]

　　社会工作专业的目标是增强服务对象的社会功能，即增强其完成人生任务、适应环境和满足需要的能力。由上述内容可知，残疾的重要特征即是需要难以满足、环境适应差、人生任务较难完成等。当然，造成其社会功能低下的原因除了生理层面的残疾外，环境中支持因素的多寡也是重要考量。世界卫生组织（WHO）在《社区康复工作指南》中提出社区康复的结构应包括健康、教育、生计、社会、赋权五个维度的内容，这是对全人康复的进一步明证。残疾表现在不同层面，造成残疾的原因存在于不同层面，需要的回应相应地也来自不同层面。它明确指出，康复工作是一个系统工程，需要多方面、多层次的服务介入，才能最终实现残疾群体的全人康复。

　　上面的论述多从问题视角（Problem Perspective）出发进行分析，社会工作相信残疾人士在面临问题的同时也拥有复原力（Resilence），拥有属于自己创造的有效的康复方式，因此全人康复应该是残疾人士参与下的康复，服务提供者应充分发掘和利用其能力，把残疾人士变为全人康复的中心，提升其自我管理

---

① 　姚尚满：《我国残疾人社会工作的理论及方法探讨》，《山西高等学校社会科学学报》2006 年第 9 期。

（self-management）的能力和信心，而非服务提供者从不同层面提供服务。

2.5　家庭为本（Family-centred）

家庭生态学视家庭为一个生态系统，指出家庭是一个生活支持系统，依赖自然环境以维持个体生理的存在，依赖社会环境以追求生活的品质和意义。如同系统理论一样，家庭生态理论也视家庭为一个整体，探讨家庭每天生活的任务、功能及其与环境的互动关系。家庭生态学假设家庭对其成员承担物理与生物的功能、经济的维护、心理社会功能等，个人及其家庭的生活质量与整个生态系统的质量是不可分割的。家庭环境对成员的问题的解决，可能是有帮助的也可能是一种阻碍。家庭的大部分问题产生自人际、家庭内部或家庭与环境的关系等。①

由此可见，家庭生态学十分强调环境的作用，个人问题的产生与需要的满足离不开家庭这个环境系统，而家庭功能的发挥同样离不开其内部成员之间及家庭与外部环境之间的关系。以家庭为本的社会工作实务提出应当寻求人与环境的相互反应关系，应视家庭为一个整体。康复学生对其家庭而言是一个长期的压力源，且需要很多的资源去回应其需要，以维护家庭作为一个整体的功能性系统，当资源不足时，家庭就会陷入困境，面临着改变。因此，为了家庭成员个体的发展（如康复学生更好地成长），需要保持家庭作为整体的稳定和减轻因地震致残带给家庭成员（包括残疾人士本身和照顾者）的压力，对家庭整体的关注和支持就显得十分必要。

Reuben Hill 提出了 ABC – X 家庭压力模式，其中，A 指的是

---

① 周月清：《家庭社会工作——理论与方法》，台北：五南图书出版公司，2001，第 80~88 页。

产生家庭压力的事件或称压力源，B 是家庭处理事件时拥有的资源，C 则是家庭对事件的定义或认知；X 则是经由 A 与 B 和 C 的互动之后产生的压力程度或危机。Hill 指出，家庭是否会因为"事件"的发生而产生危机，取决于三个变项，即 A 该事件或情境的困难程度，B 家庭的资源、弹性和先前处理危机的经验，C 家庭如何定义此事件。根据 ABC - X 理论，家庭有个障碍者，尤其是早年出现的发展性障碍，是一个非预期的、非自愿的且长期的事件，并非每个家庭都会产生家庭危机而瓦解。根据这种假设，早期介入给家庭提供支持（改变 B），或协助家庭认知发生改变（改变 C），将是预防这些家庭瓦解的关键。①

如前所述，子女作为家庭系统的次一级系统，其功能发挥水平的低下会带来整个家庭系统的不适及调整。同样，作为照顾者的家长也面临着巨大的压力，如果不能及时回应其需要和减轻压力，家庭的稳定就会受到严重影响。家庭系统是康复学生最重要的生活环境，家庭能够提供康复学生解决问题、满足需要的资源，当康复家庭缺乏必要的资源时，对康复学生的成长来说也可能成为一种阻碍。事实上，康复家庭在照顾康复学生的同时也面临诸多压力，家长同样需要支持。

以康复家庭为例，其未成年子女因地震致残属于早期出现的发展性障碍，是一个非预期、非自愿的且长期的压力源。按照 Hill 及家庭生态学理论，应将家庭看作一个整体，增加家庭应对压力的资源，帮助子女正确看待并接纳自己残疾的现实，提供康复训练及社工跟进；帮助家长接纳家庭成员残疾的现实，学习照顾残疾子女和放松减压的技巧，并改变对未成年子女因地震致残的定义和认知，从而保证家庭的完整。

---

① 参见波玲·布思《家庭压力管理》，周月清等译，台北：桂冠图书股份有限公司，1994，第 27 ~ 59 页。

地震发生后一年，家长第一次离开孩子，
走到一起开展活动——做船，彼此鼓励

此外，家庭功能的发挥水平与其所在环境的关系质量有关，除康复家庭自身进行内部调适外，与其他在地震中有未成年子女致残的家庭的积极互动亦能改变家庭认知、减轻家庭压力、增强家庭的社会功能。鉴于有着相似的经历和需要，社工站招募康复学生的家长开展家庭活动，以增强家庭之间的联系，建立家庭之间的互助性支持网络。

因此，基于个人与家庭系统的关系，以及家庭对个人的影响，以家庭为本的康复社会工作实务就显得十分必要。"家庭为本"的康复社会工作实务是将家庭置于关注及行动中心的社会工作实务模式，以家庭作为关注的中心并不表示要忽略家庭内的个人或家庭外的社会系统，也不表示每次介入都要全家出席。"家庭为本"的康复社会工作实务着重一种系统的思维方式及视角，基于家庭是个人与社会之间一个最重要的中介系统的信念。

"家庭为本"的康复社会工作实务所关注的是个人、家庭及环境三者之间的互动与交往，以及这些互动对个人、家庭以至家庭所处社会系统造成的影响。服务系统与家庭系统的互动是"家庭为本"的康复社会工作实务的另一个重点。"家庭为本"的康复社会工作实务关注的不只是个别家庭成员的需要，而是每一个家人及家庭的整体需要，将家庭视为工作的伙伴及支援的对象。另外，"家庭为本"的康复社会工作实务的介入是多样性和综合性的，介入性质可包括发展性、教育性和治疗性，介入方法可包括家庭辅导、家庭治疗、治疗小组、互助小组、个案管理，以及针对有相同需要的家庭群体而做出的倡导及社会发展的工作。①

3 介入模式

3.1 以学校为本

以学校为本（School-based）是指汉旺学校社工站在系统观的指引下，针对康复学生及其家庭的多元性、持续性需要，以学校为基地，开展辐射家庭和社区的康复社会工作服务。以学校为本不是服务局限于学校内部，只在校内开展服务，而是用系统的视角去看康复学生与周围环境的互动，立足学校，用跨专业的方式提供全面的、不间断的服务，以回应多元性的需要，最终实现他们的全人康复。以学校为本的康复社会工作有两个层面的含义，即社工站设在学校，同时以学校为中心提供服务。这体现在硬件投入和服务输出两个方面。

（1）从硬件投入方面看，社工站最初由汉旺板房学校的一间板房教室改造而成，并随着汉旺学校规模的扩大分别搬到三所新的永久性校舍，社工站也由一变三。之所以有大规模的硬件投入是因为康复学生一天的大部分时间都花在学校，作为学生他们所处的空间慢慢由家庭转移到学校，花在学校的时间也多过花在家

---

① 刘玉琼：《家庭为本抑或工作为重：反思香港强化家庭的措施》，《基督教香港信义会社会服务通讯》2007年第43卷第1～3期。

庭中的时间，学校作为康复学生十分熟悉的环境，更有利于他们的放松，使其更愿意接受服务。相应地，康复学生的问题也容易在学校呈现出来，如康复、认知、行为、人际等方面的问题也多在学校呈现。社工站设在学校能够保证与康复学生的接触时间，有利于同他们建立专业信任关系，因此是保证服务质量的前提。鉴于康复学生大部分时间都待在学校，为了更及时地满足其需要，社工站立足学校，将办公室、活动室、康复室都设在学校，以方便同康复学生在课间休息时接触，有利于与康复学生建立关系，了解他们的具体需要并提供有针对性的服务。学校成为康复学生在该阶段能否顺利社会化的最重要的场所，因此在学校设立社工站就显得十分必要。

（2）从服务输出方面看，社工站本着一切从需要出发的原则，以康复学生为中心、以社工站为基地开展多样的服务。根据生态系统观可知，对康复学生所在环境系统的干预同样十分必要。因此，以学校为本的服务并不是单纯地针对康复学生，除学生外，社工站同时还关注学校、家庭及社会系统。

第一，学生系统。在康复服务方面，社工站利用的活动室和康复室变为观察和介入康复学生需要的最直接的场所，康复学生在休息时可以随时到活动室交流，并每天在康复室进行封闭式的诊断和训练。需要特别指出的是，学校是学生接受正规教育的地方，社工站不会也不应将康复学生从教室中喊出来接受服务，必须保证他们的学习时间。在社工方面，在"包容"理念的指引下，社工邀请康复学生与他们的同学一起参加活动，以体现大家是不同而非不平等的包容理念。康复学生截肢后大多不能接纳自身残疾的现实，社工站邀请康复学生及他们的同学一起参加在板房学校开展的自我接纳小组活动，帮助他们看到自身的能力恢复以增强自信心。"让生命舞动起来"艺术组则是通过"自助、互助、助人"三个阶段来增强康复学生的自信心，改善其人际关

系，最后通过社区教育倡导包容的理念。

第二，学校系统。学校、教师如何看待康复学生对他们在学校的"软环境"影响极大。学校有义务接收在地震中伤残的学生并保证他们顺利毕业，"不出事"成为学校的首要原则，因为学校不希望伤残学生在学校出任何状况从而给自己带来麻烦，而更多地希望伤残学生可以平安地从学校毕业。学校往往以"保护"的名义，"阻碍"康复学生参与正常的教育及康复训练，这显然不利于康复学生的正常发展。

因此，给校长和教师做工作成为社工站的一项重要工作内容。社工会利用一切同校长、教师接触的机会去理解他们看待康复学生的视角，同时分享自己的看法，期望能给他们带来潜移默化的影响。如针对校方担心安全问题而不愿意让康复学生参加体育课，社工组织老师和家长在一起交流，并邀请康复顾问给予专业指导，让老师明白适当的体育锻炼对康复学生的身体康复是有积极意义的，且他们亦有能力和意愿参加体育课。针对康复学生人际和学习方面的需要，社工站的专业人员尝试同老师建立"同盟"，让老师看到学生的困难以及自己可以提供的支持，从而分工合作达到理想效果。社工站在直接影响校长、老师的同时，也会采用间接的方式影响学校，如在学校组织以康复学生为中心的"让生命舞动起来"艺术组，通过康复学生自己来表演，让学校看到他们身上潜藏的能力，从而为康复学生在学校赢得更大的活动空间并建立包容、支持性的教学环境。

以学校为本的康复社会工作要求社工站同学校密切配合、及时沟通，在服务学生的同时也考虑校方的立场，作为外来者争取学校领导和老师的理解与支持，这对于顺利开展服务至关重要。从康复学生的康复需要出发，帮助学校完成想做而无法做的工作，才能在学校扎下根。

第三，家庭系统。康复学生在学校的表现与其家庭成员之间的关系密不可分，如不愿坚持训练、人际关系困难，其中都可以看到家庭的影响。因此，为了更好地服务康复学生，以学校为本的康复社会工作也会要求社工和治疗师走出校园，走进康复学生家庭提供服务。如社工与治疗师一起到康复学生家中探访，以知晓其家庭成员之间的关系以及这种关系对学生的康复、学业、人际等的影响并给予协助。社工明白康复学生家庭除面对生计恢复、房屋重建等灾区一般需要外，还面临着因子女伤残带来的经济、照顾及教育方面的压力。多种复杂因素共同作用于康复学生，影响着康复学生在学校的表现。

考虑到家庭对康复学生的影响，社工开展了以家庭为本的服务。针对因地震造成的亲子关系质量不高，组织以家庭为单位的家庭营会。针对康复学生的生理特征，社工站指导康复学生家长进行家居改造并安装无障碍设施。针对家长所面临的新的教育和照顾上的压力，社工站组织家长开展放松减压活动，并组织家长参加有关择校、康复、教育、青春期等的交流会。针对康复学生家庭面临困难的相似性、长期性，社工站尝试将家长们组织起来，赋权给他们，让他们组建互助小组，并朝家长组织网络方向发展。

需要特别指出的是，康复学生家庭在不同阶段有不同的需要，社工站应对需要的变化保持敏感并给予及时的回应。

第四，社会系统。康复学生不管是在家庭还是在学校，归根到底都生活在社区。社区如何看待康复学生，会十分影响康复学生在社区的生活质量。因此，社工站应针对社区开展教育活动，在社区倡导营造包容、支持性氛围，并为康复学生考虑活动场地，安装无障碍设施。通过"让生命舞动起来"艺术组在社区的表演和同社区居民的互动，来达到教育社区居民的目的，让大家看到康复学生在接受外界帮助的同时也有能力贡献自己的力量，从而在社区中形成对康复学生积极、正面的印象。社区人士的正面回应也增强了康复学生的自信心，鼓励他们勇敢走出家庭、走进社区，成为社区的一分子。

3.2　通用过程模式

以学校为本的康复社会工作是在通用过程模式（General Process Model）指引下，从康复学生及其家庭的需要出发开展多样化服务。社会工作是一个过程，其服务目标在社工与案主的同行过程中实现。社会工作的服务对象包括个人、家庭、小组、群体或社区，尽管其需要和问题千差万别，但服务方法却不是杂乱无章的，而是有一定的程序，即是由前后相继的，有结构、有步骤的系统行动组成的整合体。每一个步骤都对应着该步骤应该完成的任务。关于通用过程模式，不同学者对其发展阶段有不同的划分，但都是从接案出发到结案结束。本文采用五阶段说，即订定期、评估、计划和契约、介入以及终结与评估阶段。五阶段说正是对社会工作一般过程的总结和概括，它整合了各个助人模式中可以识别出的普遍的和共同的因素。作为一个整合的工作取向，通用过程模式为社会工作者在助人过程中组织自己的思路和行动提供了基本指引。[①] 它的特点如下。

（1）通用过程模式使用综合方法（eclectic approach），在理论取向上采用综合的立场。它从各种可取的方法和知识中选择最适合的加以综合使用。方法的选择不是从社工个人的好恶出发，而是从服务对象的需要出发，选择最适合的。知识的选择标准必须是经过实践的检验、被证明确实可信的。

康复学生在外地医院的治疗结束后回到家乡，即面临着生理

---

① 秦炳杰、陈沃聪、钟剑华：《社会工作实践基础理论》，香港理工大学出版社，2002，第 214～229 页。

康复、心理康复和社会康复需要，三种康复需要相互影响、共同左右着康复进展。生理康复的好坏会影响其自我接纳和回归社会，而社会的包容度也会影响其自我接纳，进而影响到其康复训练的积极性。基于康复需要的复杂性，社工站在跨专业和全人康复服务理念的指引下，从社工和治疗师双重角度出发，采用康复训练、家访、个案会议、小组及社区的方法以帮助其增强康复训练的信心，自我接纳和自我倡导，使康复学生在学校发展正向的人际关系，顺利回归校园。

（2）工作过程阶段化。通用过程模式将社会工作助人过程划分成逻辑上前后相连的几个阶段。如助人关系的建立应是服务的开始，介入应该是在良好的计划和契约订定之后进行，评估应该是服务的最后一个环节。划分出这些阶段并不意味着助人过程是截然分开的、可以分为独立的几个部分，而是凸显助人过程中不同阶段的特点。在实际工作中，不同阶段的工作常常会出现交叉和重叠。

社工站在服务开始时的大方向同样是建立关系，但实际情况（如康复需要的紧迫性、志愿服务人员众多、居民对社工认受度低）却使得社工站不能严格按照通用过程模式的过程阶段按顺序开展工作。如社工站在建立关系的同时提供直接的康复训练服务，并且通过大型的集体康乐性活动吸引康复学生及其家人参加，创造机会增进社工站与服务对象的联系，帮助社工站了解服务对象的需要，即在关系建立的同时融入介入，在介入的同时帮助建立专业关系并进行需要评估。

（3）工作任务阶段化。在通用过程模式中，助人的每一个阶段对服务对象而言都是重要的，都有与之联系的具体任务，而完成任务也都需要专门的技巧。一个阶段的任务完成得不好，会影响下一个阶段任务的完成。如果与服务对象的关系建立得不到位，就会影响后面的需要评估，进而影响计划、契约的订定。

地震中突然致残使得一些康复学生的自信心低落、难以接纳自我，并"拒人于千里之外"。这需要社工有足够的耐心和信心与康复学生建立信任关系，帮助其看到自身的潜能，提升其康复信心。关系建立后，社工、治疗师会同康复学生一起制订康复计划，并持续介入、跟进。在社工或治疗师部分的计划目标完成后，社工站会安排相应的结案工作。

（4）整合社会工作的价值观。通用过程模式整合了社会工作的核心价值观，如在制定服务目标、计划以及后期评估的过程中，社工都应鼓励服务对象参与。

社工站在召开服务会议时，常常会问的一句话是："这个服务计划中包含哪些社会工作元素？"计划中的"社会工作元素"通常是指以下内容：回应案主的需要、鼓励案主参与、提升案主的能力、协助案主自我接纳、建立案主的支持系统、帮助案主更好地适应环境等。服务计划中包含众多的社会工作元素，正反映了对社会工作核心价值观的整合，如尊重、案主参与、接纳、能力提升等。

4 操作步骤

社会工作的行动即是助人。不同的学者提出了不同的助人模式。如 Kurt Lewin 把助人过程描述为解冻、活动和冻结三部分。Pincus 和 Minahan 也把助人过程分为三个阶段，即接触、订立契约和结案。Shulman 把助人过程描述为初步接触、开始接案、落实工作和结案。本文在分析社工站的服务时引用香港秦炳杰等人提出的通用过程模式的五阶段说，即订定期阶段、评估阶段、计划和契约阶段、介入阶段、终结与评估阶段。

表 6 – 1　通用过程模式的五阶段

阶段	订定期	评估	计划和契约	介入	终结与评估
任务	建立关系 初步评估	资料收集 认定问题	制订计划 订立契约	服务提供 促进改变	服务终结 检讨评估

4.1　订定期阶段

订定期阶段作为通用过程模式的第一个阶段，其目的在于帮助社工与服务对象建立信任关系并指导未来的服务方向，为接下来的阶段铺平道路。关系的建立是一个过程，在这个过程中康复学生成了案主，他们会对案主的角色和义务有所承诺，如接受社工的探访、愿意做出改变和坚持康复训练。如果康复学生是被迫接受服务的，那么他的自主性就会降低，如曾有机构将学生从课堂上喊出来参加康复训练，学生事后的反应就很不积极。在本阶段，社工有五个主要任务要完成：建立信任关系，了解案主的来源，认定服务对象的类型，了解服务对象的求助过程，使"潜在的服务对象"成为"现实的服务对象"。

社工在进入学校后首先要与潜在的服务对象建立关系，按照时间的先后可以分为两个部分：首先是跟康复学生建立关系，其次是跟康复学生的家长建立关系。关系建立的方式因服务对象的不同而有所差异。对于康复学生，社工站运用团队游戏活动的方式吸引他们，拉近社工与康复学生之间的距离，同时也鼓励他们带自己的同学参加，避免因只有康复学生参加而产生标签效应。在初步熟悉之后，社工便会安排日常的服务跟进。在学校服务开展的同时，社工和治疗师便会着手安排家庭探访活动。鉴于家长们普遍关心孩子的康复情况，治疗师会以家长会的形式举办康复方面的讲座，让家长了解社工站。特别要指出的是，因为开始时康复训练的效果较社工服务明显，家长会愿意接受治疗师来提供服务，社工则可以在治疗师的帮助下与康复学生建立关系。

在关系建立的同时，社工站要收集康复学生的基本信息，了解案主的来源，如班级分布、伤残情况、年龄阶段、班主任信息和康复学生家庭情况。在活动及家访中社工同时还可以分辨出潜在服务对象的类型，如是自愿接受服务还是非自愿接受服务，并了解不愿意接受服务的原因，如时间原因或认识原因。社工站还会了解他们过往的求助情况，如在外地的治疗经历、其他机构提供的服务内容，避免服务重复。最后，社工站会鼓励他们参加社工站组织的活动，使他们变成现实的服务对象。

4.2 评估阶段

评估的目的是了解案主的需要和问题，包括找到影响案主问题的主客观因素、识别造成及延续案主问题的因素、识别案主及其环境中积极的一面、决定合适的服务类型。评估时应遵守以下原则：持续开展、个别化、强调案主的参与、避免简单归因、兼顾案主的弱点和优势等。

社工站在对案主进行评估时，从个人、环境、个人与环境的交互作用三方面入手。对康复学生，社工站会从康复治疗、社会工作两个角度开展评估。治疗师通过身体检查、查看病历、询问日常训练情况来确定其康复需要，社工通过对康复学生的活动参与观察、面谈、家访、询问老师来评估其情绪、行为、亲子/人际关系、优势和支持系统、环境的包容度等。

评估是一个过程。康复学生在震后往往会有多种需要，社工站需要将学生的需要进行排序。以一个截肢学生为例，其康复需要在开始时为疼痛处理、假肢穿戴、疤痕按摩；后期会转向肌力训练、假肢磨损处理、步态训练；当学生都掌握了训练方法后就开始自我管理训练。社工在了解其需要时会发现，康复学生一开始不能接纳自己残疾的现实，变得自信心低落、情绪负面和自我封闭，这就容易造成康复训练不积极、亲子关系出现困难、难以适应学校集体生活。家长也因为缺乏照顾伤残子女的经验，加上对孩子的补偿心理和忙于生计，常常有力不从心的感觉。他们在一开始面临着放松减压的需要，在子女身体状况稳定后，家长们也有彼此支持帮助的需要。

4.3 计划和契约阶段

计划和契约阶段是评估与介入阶段的桥梁。计划的制订需要一个过程，它建立在社工站对案主问题了解的基础上，这种了解是在评估阶段获得的。计划制订的产物便是工作文件，即我们通常所说的工作计划，在计划形成的基础上我们开始介入行动。没有工作计划，介入就会缺少重点和组织。

一个完整的计划包括目的和目标、关注对象、服务策略三大部分。目的是在介入的最后阶段所要达到的较为笼统、长远的效果；而目标则是在中间阶段所要达到的较为具体、近期的效果，可以说目标是实现长远目的的中期结果。一个好的目标应该是易懂的、案主认可的、可实现的、有时限的等。关注对象是指介入行动中所要改变的系统，由于目标多样，社工会有不同的关注对象，如个人、小组、群体、社区、机构等。关注对象的选择取决于社工的介入目标是什么。服务策略是一种整体的方法，用以在介入中改变案主，它明确了社工和案主各自的角色和任务，以及所用的方法和技巧。

从服务对象的需要出发，社工站的长远目的在于建立一个包容的社区，实现康复学生的社区康复。具体可分为建立一个支持的社区环境、实现自我接纳和自我倡导、实现身体功能最大限度的恢复。为了实现以上目标，社工站将关注的对象圈定为康复学生个人、康复学生家庭以及他们所在的社区。服务策略相应地为全人康复、家庭支持和社区倡导。服务策略的三个方面不是独立的，而是分为微观、中观、宏观三个部分的不可分割的统一体，缺一不可，共同为达到目的服务。需要特别指出的是，服务策略的设定离不开服务对象的参与和认可，获得他们的支持是服务顺利开展的前提条件。具体服务这里不做详细阐述，具体内容会在实务示范部分呈现。

4.4 介入阶段

介入是服务计划落实并见到成效的阶段。由于服务对象问题的复杂多变，介入活动也常需要有相应的变化，而社工也可以采用多种方法进行。此阶段是社工采取具体行动的时期，是社工与服务对象按照前面阶段制订的服务计划开展工作和采取行动的时期。介入若能按照预期的方向发展，它所带来的改变就能让社工和服务对象看到他们的成果。

社工站的介入有以下几个特点：有计划有目的、可实质也可非实质、效果不大但明确等。"人在情境中"这一概念指出

一条"履带"把康复家庭连成了相亲相爱的一家人

社工的评估重点应该是个人、环境以及个人与环境的交互作用，所以介入的重点相应地也应放在这三个层面。前面提到社工的关注对象为个人、家庭、社区/学校，故也可以使用微观、中观、宏观的介入方法。当然，康复学生问题的形成有多种原因，社工站的专业人员在介入时常常采用综合的方法。以康复学生不愿意坚持训练为例，个人方面有信心不足、自暴自弃、任性或缺乏正确的训练指导的原因，家庭方面有父母无暇监督、不懂监督或不忍子女再受委屈的原因，社区/学校方面可能有老师的积极歧视（positive discrimination）和过度保护，这些都会使康复学生不愿意做康复训练。针对原因的复杂多样化，社工会与治疗师配合，运用综合方法去关注个人、家庭及社区/学校。"让生命舞动起来"艺术组就是运用综合方法，通过舞蹈的形式帮助康复学生意识到康复训练的重要性。在艺术组中康复学生可以学到新知识、交到新朋友，可以改善其人际关系、提升自信心，而在提升自信心的同时更可以教育社区，让社区/学校认识到康复学生是有能力的，他们在接受帮助的同时也可以奉献社会。

4.5 终结与评估阶段

终结是指社工和案主停止接触，需要时间来做情感上的分享、回顾工作目标、检讨工作效果以及澄清终结的原因和计划结案。而评估是终结阶段最重要的任务，除了监督工作所带来的改变和学习经验外，向案主、社会和专业交代也是一个重要原因。

在康复学生身体情况稳定后，治疗师就退出服务，社工则还要继续跟进。治疗师在退出之前，社工站做了以下工作：康复部分的效果评估，治疗师带社工逐一家访，治疗师向社工教授康复训练的方法，通过"开往下一站"的退出活动来处理康复学生及家长的情绪，向服务对象交代社工在跟进社会工作部分的同时也会继续跟进康复部分，必要时联系其他康复服务机构进行转介工作。

图 6-1 通用过程模式示意图

如图 6-1 所示，通用过程模式下的以学校为本的康复社会工作服务呈现循环特征。学生、家庭及学校等在每个时期都有相应的需要（见表 6-2），社工站应对需要的变化保持敏感并及时给予回应。根据社工站的经验，服务中应先发展学生服务，然后才是家庭和学校服务。原因在于：第一，康复学生的需要是明显的、迫切的，容易与之建立专业关系，见到成效，应当成为首要的服务对象，并随着专业关系的深化和新的需要的出现，不断更新服务内容。第二，康复学生的积极变化会促进社工站专业人员同康复学生家庭建立关系，通过针对康复学生的活动的开展，社工会逐渐接触并同家长建立专业关系，发现不同阶段的需要并给予回应。第三，影响学校是最困难的，社会工作在内地有限的认受性决定了需要大量的前期服务工作做铺垫，如带领校长参观香港的学校社会工作并在生理康复方面尽快做出效果，才能让学校看到社工站存在的价值。影响学校是一件需要耐心和技巧的工作，做好前面的工作是前提条件。

表 6 - 2　学生、家庭和学校的需要与服务计划

学生层面需要	服务计划	家庭层面需要	服务计划	学校层面需要	服务计划
身体康复	康复训练及与社工建立关系	亲子关系因地震遇到障碍	促进家庭亲子关系营会	缺乏对康复学生需要的认识	帮助学校校长及教师了解康复学生的需要
自我接纳	学生接纳包容小组	举办家庭与教师康乐竞技活动,促进教师及家长接纳康复学生的体能	家长减压及互助营会	康复学生不能顺利上体育课,不利于身体康复和融入校园	给体育老师设立康复讲座,促使学校开设包容的体育课
自我倡导社区教育	"让生命舞动起来"学生及社区项目	康复学生家庭单打独斗,彼此缺乏支持	家长互助小组	教师不了解康复学生的体能,同时与其家庭的关系较为疏远	举办家庭与教师康乐竞技活动,促进教师及家长接纳康复学生的体能
将来面对就业和更高生活质量的挑战	潜力挖掘和应对能力提升小组	面对未来挑战,家长需要联系更紧密的组织	家庭网络及互助	学校缺乏针对康复学生的支持性、包容性环境	"让生命舞动起来"艺术组在学校层面的演出

5　实务示范

康复学生及其家人的需要是复杂多样的,需要留意的是社工站并不能回应全部的需要,而是要在案主需要的基础上,综合考虑机构的服务方向和人力、财力资源,最终确定服务目标。另外,康复学生及其家人的需要并不像上文中提到的那样按照时间的先后顺序出现，真实情况要复杂得多，需要工作人员对案主的需要保持足够的敏感，及时提供高质素的服务。

以学校为本的康复社会工作服务示范从三个案例出发，通过案例来具体说明理念如何指导实践。

5.1 家长小组工作案例："同在一条船"家长减压互助小组

家长减压互助小组的主要目的在于回应康复学生家长因子女伤残而带来的巨大压力，为康复学生家庭提供表达情绪、缓解压力的平台，并希望在小组中提升家长们的互助意愿，形成互助小组的雏形。

"同在一条船"家长减压互助小组

开设家长减压互助小组的理论依据是"以家庭为本"和"生态系统观"。家长是家庭的支柱，子女在地震中致残以及地震造成的其他损失，都给家长造成巨大的压力，加上子女受伤情绪不稳等使得家庭内部充满张力，不利于家庭稳定和功能发挥，家庭的功能受损进而会影响到家庭中每一位成员功能的发挥。家长们有着相同的遭遇，容易相互理解并愿意互相支持；家长们之间的相互扶助也有利于建立支持网络，以减轻其压力、恢复功能。

在小组内容的设计上，社工鼓励家长组员在倾诉压力的同时，彼此之间给予支持性的回应，帮助家长组员用优势的视角去发现家庭拥有的正向能量，找到应对方法，以提升家长组员的信心。表6-3为整个小组的每节活动的主题与内容，便于读者清晰地把握整个小组的活动流程。

表6-3 小组每节活动的主题与内容

主题	目的	目标
我们一起来	相互认识 建立规范	组员相互认识、带出小组目标、建立小组规范、鼓励组员参与
我和你一样	团队协作 感受互助	通过团队游戏，培养组员的团队精神和互助意识，彼此之间相互支持
我家是天堂	温馨时刻 放松心情	引导组员分享家庭中的温馨时刻，让家长意识到家庭中存在压力更有彼此的支持，感受到家庭动力的影响
我并不孤单	倾诉压力 相互支持	鼓励组员分享各自面临的压力及应对方法，鼓励其他组员给予回应，让组员感到自己并不孤单，了解别人是如何应对困难的
大家一起学	放松学习 转变态度	重新定义压力，教给组员一些简单的放松技巧和教育、照顾子女的方法；布置家庭作业，为下一节小组活动做准备
有忙大家帮	体验互助 自助助人	了解互助小组，与家长们一起讨论建立互助小组的意义，鼓励组员尝试建立自己的互助小组

续表

主题	目的	目 标
越策越开心	能力提升 活动设计	赋权家长,社工与家长们一起来设计亲子活动,并鼓励家长在活动中积极参与
改日再相会	小组结束 情绪处理	回顾前面的小组内容、互送写有祝福和支持话语的卡片、合影、宣布小组结束

下面以小组第三节和第四节活动为例,详细说明小组的设计。

第三节 我家是天堂

举办日期:2010 年 8 月 4 日

活动地点:汉旺一小活动室

服务对象:就读于汉旺小学及汉旺中学的地震中受伤学生的家长

预期人数:10 人

活动目的:引导组员分享家庭中的温馨时刻,让家长意识到家庭中存在压力更有彼此的支持,感受到家庭动力的影响。

活动时间	活动目标	活动内容	所需人力 及资源
6:30 - 6:40	热身游戏 "正反拍手"	1. 组员围着桌子站成一圈,同时伸出自己的双手,要求组员将自己的右手与右边组员的左手交叉 2. 工作人员参与其中,并讲明规则:工作人员用左手开始,当左手拍一下桌面时,组员逆时针开始拍手;当中若有组员同时拍两下时,开始顺时针进行 3. 工作人员在参与游戏时可带头并鼓励组员多尝试不同的方向,以增加乐趣	电脑、音响、歌曲"我家是天堂"
6:40 - 6:45	小组回顾	工作人员简要带领组员回顾上节活动内容,并指出上节活动的目标是为了让组员体验团队精神和互助精神	

活动时间	活动目标	活动内容	所需人力及资源
6：45－7：25	引出主题"分享温馨时刻"	1. 工作人员拿出事先准备好的组员之前参加亲子活动时拍的亲子互动照片，并派发给组员，指出家长与孩子在生活中有很多温馨时刻，引出本节主题——"分享温馨时刻" 2. 工作人员派发色彩鲜艳的工作纸给家长，工作纸上写有简单的造句题，如震后何时何地自己的孩子做了一件事或说了一句话，让自己感觉很温馨。通过此种方式鼓励家长组员回忆并分享与子女在一起的温馨时刻和欢乐时光 3. 在家长思考和分享期间，工作人员低声播放歌曲"我家是天堂"以营造气氛 4. 听各位家长组员与大家分享的故事，并指出尽管每位家长在尽心照顾子女时面临压力，但同时仍有很多温馨时刻存在，以帮助家长组员感受到家庭的温暖	亲子活动照片、歌曲"我家是天堂"、电脑、投影仪、纸巾
7：25－7：50	深化主题"视频播放""给孩子的一封信"	1. 工作人员播放事先准备好的家长子女代表（尽量找到所有组员的子女）的"心语心愿"，感谢父母对自己受伤后的照顾，并希望父母在辛苦忙碌的同时能够尽量放松愉快 2. 看完视频后，可有一个短暂的停顿，让家长静静地待一会儿，让家长明白子女对自己的理解和爱，以给家长更多的支持和动力，并在家长情绪稳定下来后鼓励家长谈谈自己的感受 3. 为每位家长派发一张精美的卡片，让家长给孩子写鼓励信	视频、卡片、电脑、投影仪、纸巾
7：50－8：00	小组回顾展望下节活动内容	1. 工作人员简要回顾本节内容 2. 交代下节主要活动内容	

第四节　我并不孤单

举办日期：2010 年 8 月 7 日

活动地点：汉旺一小活动室

服务对象：就读于汉旺小学及汉旺中学的地震中受伤学生的家长

预期人数：10 人

活动目的：鼓励组员分享各自面临的压力及应对方法，鼓励其他组员给予回应，让组员感到自己并不孤单，了解别人是如何应对困难的。

活动时间	活动目标	活动内容	所需人力及资源
9：00 - 9：10	热身游戏"齐心协力"	1. 工作人员在活动场地布置出一块空地，上面放有各种水果（水果数量可与组员人数相同） 2. 要求组员站在空地外 1.5 米的地方，由其他组员协助其中一名组员在 1.5 米之外拿到水果 3. 每次都换不同的人，每次只能拿一个水果，直到水果全部被拿完 4. 工作人员简单地询问组员的感受，并带出本节活动的目标，即面对相似的困难和需要，只要大家齐心协力就可以一起克服困难、满足需要	与组员人数相同的水果
9：10 - 9：15	上节回顾	工作人员带领组员简要回顾上节活动内容，即分享家庭中的温馨时刻	
9：15 - 10：15	运用小组动力，帮助组员倾诉压力及寻找应对方法，组员之间建立相互支持关系	1. 工作人员给每位家长派发一张纸，让家长写下各自面临的最大困难和压力，并思考应对方法，在小组中分享（鉴于家长的担忧多集中在子女未来的"照顾、教育、就业、婚姻、社会融合"等问题上，如果组员一开始不能进入状态，工作人员可带出此话题） 2. 在组员分享之后，工作人员运用小组动力，鼓励其他家长组员给予回应，可问：你们有没有遇到类似的问题？感受如何？使用过什么方法？ 3. 在组员回应后，工作人员总结家长使用的方法 4. 考虑到家长组员在子女受伤后彼此都有支持，因此在该环节采用非结构的方式，工作人员在组员分享的过程中运用小组动力，鼓励家长们自己讲出来，其间可以有思考和沉默时间，工作人员充分运用同理、支持、澄清、提问等方法，鼓励组员相互给予支持 5. 在活动进行中，工作人员请协助者留意记下家长的应对方法，在活动结束后视情况决定是否进行小结，鼓励家长看到自己的潜能和组员彼此间的支持	大白纸、色笔

续表

活动时间	活动目标	活动内容	所需人力及资源
10：15 - 10：25	团队游戏"织网"带出支持网络的概念	1. 在上面活动的基础上，工作人员拿出线团，鼓励家长组员讲出支持其他组员的话 2. 工作人员引导组员看到彼此用线建立的网络，再次向组员强调他们并不孤单，大家都在这个充满资源的网络中	线团
10：25 - 10：30	活动总结强调主题	1. 内容回顾 2. 工作人员交代下节活动主题	

如前所述，康复学生家庭在亲子关系方面需要进一步改善，康复家庭需要增进彼此的联系。社工站在"家庭为本"的理念下，考虑到家庭各系统的需要，设计连续的、无缝隙的服务活动。因此，社工在设计家长减压互助小组活动的同时也考虑到进一步改善亲子关系和促进康复家庭之间的联系，希望在小组结束后有一次家庭营会。社工在小组中鼓励家长组员分工参与家庭营会活动的设计，通过一起设计家庭营会活动这个载体提升组员间的互助意愿。家长减压互助小组结束的同时开启新的家庭层面的服务，而家长组员始终参与其中。在服务家长之后社工能够及时回应家庭的需要。

5.2 康复个案工作案例：小玲的故事

本案例尝试展示在通用过程模式的指引下，社工和治疗师如何配合提供跨专业的全人康复服务。基于康复学生的多元化需要，社工站招募治疗师同社工一起工作，通过跨专业的合作为康复学生提供全人康复服务。社工站在跨专业合作方面需要坚持以下几点：①在日常工作中，社工和治疗师定期举行个案会议，从各自的角度针对个别康复学生的状况进行专业分析，澄清双方的工作内容和合作方向，明确社工和治疗师在进一步跟进中的角色，制订共同的介入计划；②由于康复学生同时面临着生理、心理和社会方面的需要，因此工作站安排社工和治疗师共同家访，并就各自关注的方面进行深入交流，如社工会重点了解康复学生的人际关系、学习、行为以及康复过程中出现的情绪反应等，治疗师会了解康复学生的训练情况和康复进展，以全面了解康复学生的身体状况；③根据每个康复学生的特点，在督导的支持下共同设计和参与活动，在活动设计中社工会重点考虑康复学生的参与和互动，治疗师则提醒社工康复学生的身体状况能够做怎样的活动，如此，活动中既能保证参与也能确保安全。

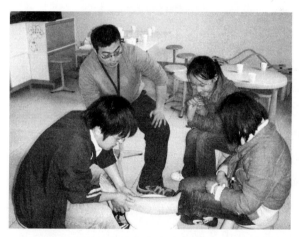

康复工作人员在物理康复专家的指导下检查学生伤情

在整个康复服务过程中，社工和治疗师分工协作、互相支持。社工的具体工作内容有：①与康复学生建立信任关系，了解康复学生受伤后的心理、情绪、人际等方面的问题和需要，并建立个人档案；②与康复学生的家庭及学校建立关系，了解康复学生家庭及学校的环境需要；③针对康复学生，在包容的理念下开展个案、小组及大型社区活动；④在社区倡导包容的社区环境；⑤与治疗师紧密配合，共同工作；⑥转介工作。康复师的主要工作内容为：①开展针对康复学生的家访工作；②面向康复学生及家长宣传普及康复知识；③建立康复学生病历档案；④直接对康复学生进行康复治疗；⑤配合社工将康复学生进行转介；⑥发现其他地震中受伤且留有后遗症的学生；⑦在家访过程中留意康复学生亲人如有康复需要，提供康复服务。（见表6-4）①

表6-4 社会工作、康复治疗的主要工作

专业	社会工作	康复治疗	
主要工作	建立专业关系 环境了解 个案工作 小组工作 社区活动 转介服务	康复治疗 病历建立 康复知识宣传与普及 发掘潜在康复服务对象 康复转介	⇒ 康复家访 个案会议 活动设计 转介服务

案主基本资料

案主姓名：小玲（化名，为了保护案主的个人隐私并尊重她）

性别：女

年龄：14岁

受教育程度：初中一年级

案主来源：社工从学校受伤学生的资料中主动查询并接触

受伤情况：左手臂截肢，右腿粉碎性骨折

建立关系：社工站专业人员提供服务的第一步是同案主建立专业关系，并在关系建立的同时开展需要评估。通过校方交来的地震受伤学生信息情况登记表，社工了解到案主的受伤情况，决定走访案主的家庭，随后对案主的心理、情绪以及社会适应情况进行评估；治疗师通过家访了解案主的身体状况并观察其家庭环

① 陈会全、沈文伟：《论灾后学校康复社会工作的基本原则：基于汉旺经验》，《社会工作》2011年第10期，第214~229页。

境能否满足其日常生活需要。通过了解，社工站专业人员发现潜在的案主有多元化需要。因此，在跨专业服务理念的指引下，社工和治疗师尝试从各专业角度出发为其提供跨专业的全人康复服务。

在建立关系的过程中，社工通过陪案主聊天、看电视、在无人照顾时陪伴案主并同理案主的境遇和情绪。在与案主建立关系的过程中，社工发现案主因为受伤很严重，有很强的自卑感和不安全感，而且地震前她的人际关系就已经存在问题，例如，不知道应该怎样同他人相处，因此社工需要花很长时间来同案主建立关系。而治疗师在刚接触案主对其进行身体的康复评估时曾三次被拒绝进入家中，后在治疗师不断尝试下才得以开展工作。案主的这种不接纳和自我保护，给个案工作增添了许多困难。

1. 评估及计划

建立关系的同时伴有需要评估，需要评估同样也是关系建立的过程。通过走访案主本人以及其父母、同学、老师等与其关系密切的人员来评估案主出现的各种状况。在督导和顾问的支持下，社工和治疗师召开跨专业的个案会议来探讨和分析案主现在面临的问题并确定各自的介入方向和介入任务。在个案会议中，社工和治疗师分别陈述最近发生在小玲身上的事情，她在心理、情绪、行为等各方面的表现以及家庭环境的变化，顾问、督导和社工、治疗师一起分析这些情况对案主身体康复以及其他层面康复的影响，社工和治疗师继而根据自己的专业特点来确定下一步跟进的内容以使案主达到全人康复的目标。

2. 实施介入

在刚开始介入时，由于案主年龄比较小且有很强烈的控制欲望，在同社工、治疗师电话联系时案主显得很强势，常常在没有什么特别的事情的情况下打电话给工作人员，只是看工作人员会不会接。开始介入后的一段时间案主每天都会打电话给社工站，对工作人员来讲这变成了一种骚扰。社工和治疗师意识到这种强烈的控制欲不仅给她自己带来烦恼，而且十分影响案主本人的人际关系。为此，工作人员召开个案会议，决定对案主的电话控制和骚扰采取冷处理（即不予积极回应）并讨论了从各自专业角度出发的介入策略。治疗师在不影响案主康复训练的前提下尽力包容案主的行为；社工针对案主的情况分析案主强烈控制欲背后所表现出的强烈的不安全感，并与案主进行积极、正面的对话，让案主了解什么事情让她感到不安并和案主一起分析她可以采取哪些行动。让案主从工作人员的行动中反思自己的控制行为。社工和治疗师有时会和案主进行简单的面质，但由于案主属于敏感、脆弱的性格，所以对案主的面质尽管是有必要的但却不能操之过急。在介入过程中社工和治疗师也感到了很大的压力，有无助感，常常需要顾问、督导帮忙，并通过个案会议后社工和治疗师的跨专业合作渐渐在复杂的情况中找到适合跟进案主的方法。

社工在与案主建立关系的过程中，发现由于地震造成左手臂截肢、右腿粉碎性骨折给案主的生活和学习带来许多不便，因此案主缺乏自信心，不愿意/害怕与他人交流。社工与治疗师针对案主的心理和情绪状况，决定从陪伴开始，随后再通过陪伴建立的关系与案主进行交流，引导案主去认识什么是康复训练以及康复训练对她自己的身体康复以及全人康复的意义。

经过社工一段时间的陪伴以及治疗师对案主的耐心照顾，案主开始接受治疗师的家庭康复训练。治疗师针对案主的受伤情况确定康复训练内容，并在训练过程中将训练方法教给案主家人，同时也试着教给社工。但是案主在康复训练过程中常出现反复，案主常以自己心情的好坏来选择是否进行康复训练。对于案主情绪、行为上的反复，工作人员首先是无条件地接纳和包容案主，让案主知道工作人员是真心关心和爱护她，让她渐渐明白社工站的工作是怎样的，同时不断提醒康复训练对她身体、人际关系及其他方面有哪些益处，来促使案主积极配合康复训练计划。

随着案主由拒绝到愿意接受康复训练，她身体的康复情况也在慢慢转好，社工和治疗师也在陪伴过程中了解到，案主在地震之前就已经存在和班级同学人际关系不好的情况，受伤后案主的人际关系更加糟糕，表现为不愿意与外界接触；加上案主在家休学一年，更是失去了与同学的联系，加重了交流的困难。案主的班主任是一个有责任心和关心学生的老师，于是社工通过和班主任沟通，了解到班主任和班级同学也一直想去看望案主并希望能够给予案主更多的支持，让案主更加有信心面对自己未来的生活和学习。经过社工和班主任的沟通协调，最后由班主任作为代表带着同学们为案主准备的礼物前去探望案主。这件事情让案主很感动，也感受到了班主任和同学的支持。案主开始积极配合康复训练，并且在社工的陪伴下很主动地提出一起到户外买东西、一起爬山的提议，表现出要更好地融入社会的意愿。

随着案主身体康复和功能在一定程度上的恢复，案主开始返回学校上学。案主尽管休学一年，但由于她本人及其家人担心低年级的学生无法理解案主的情况而出现伤害她的言行，便直接跳级上了六年级并借宿学校。因此，案主在学业方面跟不上，班级的老师很用心地将案主安排与成绩好的同学同桌，并请这些同学为其辅导功课，同时也引导同学们好好与案主进行沟通交流。因为在学校，社工和治疗师也能比较密切地跟进案主在人际关系方面的适应情况以及身体的康复训练。在康复训练的过程中，治疗师也借助一些仪器帮助案主训练，比如利用超声波仪器缓解案主右腿骨折处的疼痛，帮助案主矫正步态避免畸形，等等。

在案主升入初中后，为了对案主的康复训练保持密切的跟进，针对案主的身体情况，治疗师和社工一起进入汉旺中学，在案主的宿舍给案主开展训练。此外，案主的初中生活中也出现很多和同学相处不愉快的情况。在专业关系建立的基础上，案主开始愿意和社工、治疗师分享自己在学校住校生活中遇到的问题，也愿意听听大家的分析和看法。通过社工与老师沟通，老师也对案主的各个方面有很多的照顾及考虑。尽管中间过程会有所反复，但这对于案主从一开始的拒绝到愿意改变的整个转变过程来说是一种主动的变化。

通过社工对案主介入的过程，可以看到案主在地震后面临着身体训练、人际关系改善、回归社区/学校的多元化需要。总结个案的介入过程，社工站专业人员从案主需要出发，采取跨专业的服务策略来提供支持，通过个案会议这个平台，针对案主在不同阶段的康复需要，社工和治疗师提出各自的介入方向及彼此如何配合，期望最终实现案主的全人康复。

5.3　大型社区活动案例："让生命舞动起来"

"让生命舞动起来"艺术组是在"社会包容"理念的指引下，尝试通过艺术这个载体，帮助康复学生锻炼身体、提升自信、改善人际交往，达到全人康复。同时借助艺术组这一平台，实现社区教育和自我倡导的目标。艺术组的发展分为三个阶段：培养艺

康复学生与其他学生正在排练舞蹈

术素养并以艺术表演的形式展示自己，建立积极的自我形象，提升自信心，即自助；在训练中学习与他人合作，内化包容与接纳的理念，即互助；增强自身的内控能力及对外的责任感，通过交流表演等形式，激发潜在的能量，以自己的生命故事感染他人，进行以助人为导向的社会包容教育，即助人。"自助－互助－助人"递进的三个阶段，由基于个体的潜能发展逐步过渡到群体的充权，最后面向社会群体开展"社会包容"理念下的社区教育。

在具体的操作中，社工站专业人员邀请康复学生同健全学生一起训练，潜移默化地渗透"大家是不同而非不平等的"社会包容理念。艺术组要取得成功单靠社工不行，必须要有合适的舞蹈老师。社工站专业人员邀请因地震和其他原因致残的舞蹈老师每周末到社工站活动室开展训练。残疾舞蹈老师积极乐观的态度本身就是一种自我倡导，邀请他们来教孩子舞蹈同样也是一种赋权。残疾舞蹈老师可以促使康复学生看到另一种对待残疾的生活态度，从而使康复学生更积极地投入康复训练并愿意更乐观地投入社区生活，有助于实现全人康复。艺术组并不是单纯进行舞蹈动作训练，节目本身的设计也更多地向人们展示康复学生的能力、乐观向上以及组员之间的互动。训练过程中社工会加入促进组员互动和团队建设的内容，在组内进一步倡导互帮互助的精神。

艺术组的训练成果终究要通过表演的形式展示出来，社工站同汉旺学校一起于地震两周年前夕在全校范围内举办了一场演出。艺术组的表演使学校的老师、同学感到非常震惊，使他们知道康复学生虽然身有残疾，但他们也是有能力和可以为社会做贡献的。接下来，社工站又链接资源，带艺术组到香港中学演出，让香港的中学生和当地人看到灾区康复学生的坚强。这两次演出在教育社区的同时，对方积极的反馈也极大地提升了艺术组组员的信心。

如上所述，"让生命舞动起来"艺术组的发展共分三个阶段，下面具体说明艺术组发展的各个阶段。

第一阶段，主要目标是增强组员能力及自信心，提升组员人际交往能力，丰富假期生活，主要通过舞蹈训练的形式达到。而为孩子们安排演出的机会不仅能极大地提升组员的自信，而且是后期发展社区教育并影响和帮助更多人的起点。

主要内容有寒假集训、汉旺小学专场演出、赴港交流演出。2010年2月，"让生命舞动起来"艺术组正式成立，在22名组员中有13名地震受伤的康复学生和1名地震丧亲学生。寒假期间学生时间充裕，社工站开展为期一周的集训。考虑到艺术组成立初期，集中训练有助于康复学生较快地进入训练状态，频繁的互动也能够使康复学生初步建立人际关系，训练效率高、成果明显会让组员对未来的训练更加有信心，此外，定额的节目设计任务可以充分调动他们的积极性。

"让生命舞动起来"艺术组训练开展近两个月后开学了，在保证学生正常的学习与休息时间的前提下，每周六9：30至16：00进行日常训练，艺术组组员在欣赏自己、提升自信、建立友谊、改善人际交往方面都有了一定的提高。在此基础上，社工站在校内举办了一场艺术组专场演出，搭建一个锻炼自我的舞台，进一步增强组员的自信心、提升自我形象，同时展示训练成果，让艺术组组员积累舞台经验，并开启社区教育，让艺术组组员的经历影响身边的老师和同学们。

在纪念四川"5·12"大地震两周年之际，社工站组织12名艺术组组员参加香港－四川学生交流演出活动。在2010年4月29日至5月4日期间赴港交流，为香港的学生甚至更多的社群搭建一个与四川学生、内地同胞交流的平台。在港期间，艺术组的组员们参观了香港高校，感受高等学府的文化氛围；到物理治疗中心体验科技的力量，使康复学生对自己身体的康复更有信心；

让康复学生跟在他们背后默默关注和帮助他们的校方代表见面，使他们更懂得珍惜和感恩。

第二阶段，"让生命舞动起来"艺术组在 2010 年 2 月至 6 月期间，已经经历了自校内至校外、从内地到香港大大小小数十场演出。除了对自我的认同外，组员们在包容的小组氛围中更学习到了接纳，不只是被爱，学习关心和爱他人也是很宝贵的生命理念。至此，艺术组已达到了丰富组员假期生活、改善人际交往、提升自信心的目标，并且传递了社会包容的理念。艺术组的表演感染了成百上千的观众，用艺术组组员的话来说，他们的表演"让观众们感受到了勇敢和信心，不管遇到什么困难都要坚强地生活下去"，是真正富有感情和内涵的演出，是用生命在舞蹈，身体残缺不要紧，重要的是心灵的完整。艺术组在第二阶段希望达到以下目标：①进一步提升组员的人际交往水平，提升团队意识；②增强组员能力，建立自信心，培养规范意识；③进行社区教育，影响和帮助更多人及组员自身成长。

"让生命舞动起来"艺术组是由康复学生和健全学生组成，在香港表演倡导社会包容、传递生命信息

在第二阶段，社工站致力于为组员们提供一个展示自己生命价值同时更重要的是了解及感受他人的生命经历的通道，走进社

区，懂得尊重他人及与人分享，不是单纯的艺术表演。通过生命与生命的碰撞，让更多人感受"让生命舞动起来"中蕴含的包容、坚强、勇敢、信心和力量。在过程中，艺术组组员也会被观众的热情感染，对他们而言是一个学习、反思以及在生活中成长的好机会，是一种双向的良性互动，以达到倡导社会包容的社区教育目的。

第二阶段的工作主要有：暑期训练、同香港复康会合作举办"舞动生命"表演暨分享会。除了延续之前的训练模式外，社工站细化了每天的日程安排，明确舞蹈老师与社工各自的角色和艺术组的规范。自从赴香港交流表演之后，组员的自信心极度膨胀，出现了纪律散漫的现象。为了让组员端正态度，就需要有明确的规范。艺术组组员需要有共同的目标，如果想要共同完成一个节目，每个人都要为此付出努力，个别人的不认真会影响整个排练的进度。因此，日常规范就十分必要，如有个别男生借着周末训练的名义跑出去玩，所以社工站要与组员订立契约，如果训练没有按时参加，社工就会通知家长，以保证组员的人身安全。此外，社工站也采取"每日一星"的评比方法，让组员知道什么行为是被期望的，通过行为强化方法来影响组员的认知并帮助组员逐渐内化团队合作价值观。

此外，对于乡村孩子们而言，尤其是相对弱势的康复学生，他们的人际交往常常呈现规模小、交往对象同质性高、封闭性强的特征，不利于他们突破现状。因此，社工站创造机会让组员们接触到不同的社群以打破这种局限。社工站同香港复康会合作，由香港复康会召集绵阳残联康复中心的病患及其家属，由社工站负责组织艺术组演出。上午进行表演，下午则安排康复学生与中心的病患一同玩游戏和分享。观众们在留言中表示，透过孩子们的坚韧让他们能够更接纳身体上的残疾，增强康复信心，感受到孩子们的爱心，活动的形式也让他们有了难得的放松机会。分享过程中一些病患的经历和他们乐观的态度也为艺术组组员树立了榜样，激励他们成长。

第三阶段，2010 年 2 月至 2011 年 4 月，组员们由最初因身体残缺而产生无力、无助与挫折感，失去尊严感和自我效能感，通过前两个阶段一系列的团队活动和社区演出，逐渐实现了自我增权、转化心态、走出困境，找回昔日的自尊、自信。在第三阶段，艺术组在巩固自助、互助成果的前提下设定了以下目标：增强艺术组自身的内控能力及对外责任感，激发潜在的能量，不只着眼于现在更关注未来，进行以助人为导向的社区包容教育，让组员在自助与接纳他人后还能散发出感染更多生命的力量，为社会增添包容与和谐的元素，真正做到从自助、互助到助人，把爱传出去，让组员们可以对自己和社会的未来有所期待。

在本阶段的主要工作有：①四川大学一日体验营。在本阶段，艺术组受邀在四川大学地震三周年国际学术会议开幕式上表演，社工站期望在国际学术会议上展示组员们努力成果的同时进行一次具有国际影响的社区教育。此外，社工站希望除了表演之外组员们可以借助这个机会参观大学校园并与大学生交流，体验大学生活，让康复学生对未来有更多的向往。②社工站"让生命舞动起来"艺术组与德阳残联－香港红十字会康复及假肢中心"感恩互助"小组合作开展的"遇见"活动，希望能够促进康复学生互相了解，增加相互的认同感并密切彼此之间的关系，启发他们认识到互助网络的重要意义，借鉴彼此的经验更好地应对未来的挑战。在艺术组发展的最后一个阶段，社工站不再过分强化他们的个人能力，而是将重点放在帮助他们从聚光灯下回归平常，突出团体协作给他们带来的成功体验，并着眼于康复学生的未来，为他们可以更顺利地回归正常生活、应对生活学习中的各种困难做准备。

回顾艺术组的整个发展历程，坚持社会包容和全人康复作为指导理念是艺术组计划成功的前提。任何一项计划的成功开展必然有自己稳定的、获得机构员工认可的指导理念。社工站坚持让康复学生和健全学生一同参加艺术组，充分体现了对社会包容理念的坚持，也避免了针对康复学生可能有的负面标签；用艺术表演的形式让更多人看到伤残人士的能力，同时也能提升康复学生的自信心，帮助其做进一步的自我倡导。而艺术组本身也正回应了康复学生全人康复的需要。舞蹈训练有助于康复学生身体的康复，训练本身亦是小组建立的过程，有助于组员人际关系的改善和心理康复；对外演出后的积极回馈有助于提升其自信心，同时也开展了社区教育，而自信心的恢复和社会包容环境的建立反过来又有助于其社会层面的康复。

6 反思与改进

6.1 关于服务理念的反思与改进

第一，"社会包容"在内地康复领域属于较新的概念，它强调服务对象本身就生活在社区中，与社区其他成员是平等的并且享有相同的权利。这与通常所谓的社会融入/回归社区有所不同，融入/回归意味着服务对象在社区或者生活在社区的边缘。相应地，两者看待服务对象的问题及解决方案的假设也不同。"社会包容"理念认为服务对象的问题是其所在社区造成的，社区和服务对象都需要改变，以保障服务对象的生活质量。"社会融入/回归社区"更多的时候认为问题出在服务对象身上，要通过"提升服务对象能力"的方式增强其自信心来实现改变，最终帮助其融入社会。两者的不同也即康复服务中的"支持模式"与"发展模式"的不同。

在内地倡导"社会包容"需要一个过程，人们更多的时候会

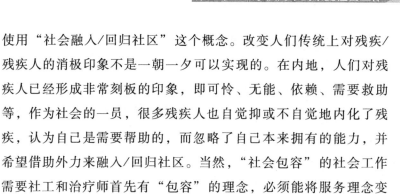

使用"社会融入/回归社区"这个概念。改变人们传统上对残疾/残疾人的消极印象不是一朝一夕可以实现的。在内地，人们对残疾人已经形成非常刻板的印象，即可怜、无能、依赖、需要救助等，作为社会的一员，很多残疾人也自觉抑或不自觉地内化了残疾，认为自己是需要帮助的，而忽略了自己本来拥有的能力，并希望借助外力来融入/回归社区。当然，"社会包容"的社会工作需要社工和治疗师首先有"包容"的理念，必须能将服务理念变成具体的服务并且贯彻始终。当然，将口号变为具体服务的过程并不轻松，需要工作人员不断地警醒和反思，因为工作人员自身也受"发展模式"的影响，稍不留意内心深处的"社会融入/回归社区"理念就会跑出来，就想借助康复服务使服务对象变得正常以融入/回归社区；同时，工作人员借着帮助服务对象"融入/回归社区"之机，也易产生权威和成功的感觉。

第二，"生态系统观"要求我们，在提供服务时不能忽略"5·12"汶川大地震是以学校为本的康复社会工作开展的背景。社工站在提供服务时不能回避服务对象是因地震这种不可抗因素而非先天或后天人为造成残疾这一事实。由于受灾的普遍性和严重性，人们对待康复学生的态度更多的是同情、关心而非消极歧视。康复学生所在社区除缺乏无障碍设施之外，周围人群并不是特别明显地在舆论上排斥，当中虽然有人以保护的名义进行"积极歧视"，如为了"保护学生不受伤"而不让康复学生参加体育课。除此之外，康复学生会得到很多外界资源。因此，在服务因灾害致残的人群时并不像其他康复社会工作那样需要花很大力气来消减其周围人思想上的歧视/排斥，工作重点应该放在帮助个体及其家庭上面，比如帮助其接纳残疾现实。同时，在家庭及社区环境中倡导无障碍设施的改造。

在系统内工作是有必要的，但也有挑战。这里既有社工个人能力的限制，也有系统内其他成员认识上的限制。比如社工比较内向或不善于协调，在系统内工作就会显得吃力。当然，如果系统是包容支持的，跟系统内（学校）的其他成员一起工作的难度就会少很多。但通常情况下，内地的学校系统并不能十分理解社工站的服务，在这种情况下，要想获得对方的支持就很有挑战性，除了要有懂得协调的社工之外，有成效的服务才是根本的保证。

第三，跨专业的合作是必要的，但专业之间的壁垒却不容易被打破。在跨专业合作过程中，由于存在专业价值以及专业关注上的差异，容易形成专业间的界限，这样的界限在服务过程中是不容易被打破的。所以，试图打破专业壁垒形成某一专业独大的想法是不现实的，也是不可取的，需要求同存异。不同的专业、不同的理念，产生分歧在所难免。专业分歧往往体现在服务策略或服务视角上，这是正常的。同时，分歧并不意味着力量的内耗，面对分歧需要承认其存在，而不是盲目否定。新专业在加入时，需要开放自己、接纳对方，才能看到自己专业的不足和限制，才能更好地回应服务对象的需要。专业的开放或接纳程度往往体现在工作人员本身的开放和接纳程度上。通过社会工作和康复治疗专业人员在跨专业合作的实务过程中总结的经验，笔者认为，跨专业合作的团队需要有领导。带领者需要足够开放、包容和懂得协调。当然，其中的包容和开放不仅仅体现在对带领者的要求上，更体现在团队每一个成员的身上。只有足够的开放和包容才有机会看到其他可能，最终使服务变得更有意义。

第四，全人康复即是将服务对象看作一个完整的人，通过服务去关注服务对象身、心、灵、社的全面康复。如前文所述，世界卫生组织（WHO）在《社区康复工作指南》中提出社区康复的结构应包括健康、教育、生计、社会、赋权五个维度的内容。毋庸置疑，全人康复是一个非常好的概念，如果能够成功实施，对康复学生产生的积极影响将会是明显的。但在四川地震灾区，人们在谈康复时更多的时候是指身体上的康复，对心理、精神、社会、教育、生计、赋权等方面的康复明显关注不足，单纯认为身体康复就是最终目的。甚至不排除有些团体打着身体康复的幌子，通过所谓的手术治疗来进行医学实验，康复学生及其其家长为了恢复得更快、更好而盲目参加，手术之后缺乏跟进，效果往往不理想，康复学生还要遭受二次甚至多次创伤。这时，社工和治疗师需要让康复学生及其家长了解情况，知道这些治疗给康复学生的身体带来的益处和坏处，让他们能够控制自己所面对的环境，做对康复学生有利的选择，而非盲目地接受别人施与的"选择"。

在康复训练过程中，身体康复的需要是相对容易回应的，也是回应其他需要的基础。然而，除了治疗师或其他康复机构对康复学生直接进行康复治疗外，增强康复学生的自我管理能力也很重要。自我管理也不只是让康复学生知道康复的重要性和必要性而已。康复本就是很辛苦的运动，更重要的是要能够尝试和坚持；同时，单一的身体锻炼也很容易让人感觉枯燥。虽然康复学生知道康复训练的重要性和必要性，但治疗师和社工通过陪伴训练、强调重要性、各个层面的监督和提醒等多种方法也很难让康复学生很好地实现自我管理。

从概念上讲，全人康复全方位地关注康复学生的需要和发展，然而要满足这些需要其实需要社工、照顾者、案主在他们所处的环境中多方合作才能实现。很显然，这不是一件容易做到的事情。

第五，以家庭为本。通常，以家庭为本的介入，往往是从康复学生入手，关注其身体康复情况并与其建立专业关系，然后帮助康复学生提升自信心、接纳残疾现实，之后进入其家庭系统，以了解其家庭成员之间的关系，这时往往会以活动的形式关注亲子关系，提升家庭凝聚力。接下来，通常会关注家长即照顾者自身的需要，如以小组/大型活动的形式来减轻家长的压力，促使家长之间建立联系。最后，关注家庭之间的网络，通过组织的形式促进康复学生家庭之间进行密切的沟通协作，赋权给他们以提升他们的自助互助能力。

以家庭为本的康复社会工作在刚开始时是比较容易开展的。陪伴家长面对孩子的残疾，处理面对孩子残疾的压力以及情绪的疏导和发泄，缓和家庭成员之间的关系，等等，这些工作在开始阶段也非常重要，只有当家庭解决了问题之后才能面对未来的挑战。然而，在家庭慢慢度过开始阶段后接下来的工作是非常困难而又重要的，这涉及家庭应对未来的能力和资源。当把工作扩展到家庭以后又会出现更多的需要，如亲子及家庭关系、生计、家长能力提升等各方面的需要，这些需要在短时间内不可能得到满足，而且也可能重复出现，这时社工要小心的是怎样才能不陷入这些家庭"需要"的陷阱，将自身抽离出来分析康复学生家庭，从而能够让这些康复学生家庭更有能力，走得更远。

以家庭为本的康复社会工作通常需要有经验的社工，但在地震灾区往往都是年轻的社工在干预，这就给缺少足够生活经验的社工带来很多"烦恼"，担心自己的能力不足以胜任。这一方面是挑战，另一方面也是机遇。社工在开始时需要用新颖活泼的活动形式来提供服务，随着关系的深入、问题的复杂，需要社工不断提升自己在家庭治疗方面的能力。

6.2 介入模式的反思及改进

第一，以学校为本的康复社会工作，需要硬件和软件上的双重投入，并通过软硬件的投入让学校明白并支持社工的工作。社工站在学校内部设点，其工作的顺利开展离不开校方的理解和支持，所以日常工作中同校长、老师的接触就十分重要。社工不能将注意力只放在康复学生身上，"只埋头干活，不抬头看路"，不明白学校对社工站的看法或期望，会使社工站的工作空间受到挤压。社工站需要同学校建立相对稳定的沟通机制，如定期向校长汇报社工站的工作和接下来的服务计划，并得到其支持。同时与学校中层干部也要保持密切沟通，因为学校政策通常由中层干部实际执行，可邀请他们一同参与服务计划的制订。另外，还应与班主任、任课老师沟通，他们最接近、最熟悉康复学生，可邀请他们在操作层面上进行合作。社工需要与校长、中层干部、班主任、任课老师一起建立行动系统，共同服务康复学生。

第二，通用过程模式各个阶段的先后次序不是固定的，实际的情况要复杂得多，常常有例外的情况出现。在灾区的工作通常是先介入，然后再逐渐建立关系。若康复学生的需要是急迫的，如身体不适，那么就需要社工站的治疗师马上处理。同样，由于灾区民众对社会工作的不熟悉，社工在开始时难以深入开展服务，为了让大家尽快熟悉社工，社工站通常会以大型活动开始，吸引大家的注意力，在活动中认识潜在的服务对象，与他们建立关系并初步评估其需要。尽管这一模式有各个阶段的先后次序，但并不是说社工必须先完成前一个阶段的工作才能进入下一个阶段。事实上，当整个助人过程没有结束之前，哪个阶段工作的完成都不算真正结束。如在灾区，服务对象会随着时间的推移而产生新的问题和需要，随着与服务对象的接触不断加深，服务对象也会向社工站更加开放，社工会从中发现新的服务区域。这时，社工站就不得不再做评估和计划。也就是说，助人过程不是直线式的而是螺旋式的。工作总体上看起来一直在向前推进，但常常需要回头做前面阶段必须完成的工作。

6.3　其他

第一，从服务方式来看，弹性的服务设计更为适合。一切从需要出发，来决定采用何种方式提供服务，即根据个人、家庭及社区的不同需要运用适合的方法提供服务。虽然社工所使用的工作方法包括个案、小组和社区工作的方法，但它们绝不是截然分开的，而是被社工糅合在一起去积极发展本土的方法。以"让生命舞动起来"艺术组为例，虽然工作中包含了个案、小组、社区三大工作方法，但更多的时候是以服务整体出现，超越了简单的方法之分，从需要出发以服务个人、家庭和社区。

以学校为本的服务并不是局限在学校提供服务，但由于社工站设在学校使得社工往往将精力集中在学校，在学校这个"心理舒适/安全区"来接触康复学生，不愿/不敢走出学校、走进社区，固执地提供所谓的传统的个案、小组、社区专业服务，而对本土社区的历史文化、物质资源视而不见或者干脆不予关注。社工的服务在初期看起来很专业，但却少了向下扎根的力度，使得服务总像外来的或者飘在半空一样，不能落地生根，缺乏持久的生命力。一旦社工站撤走，服务效果的持续性就很难保证。

第二，从服务团队来看，稳定的专业团队至关重要。关系的建立需要一个过程，工作人员的稳定是关系顺利建立的前提。服务对象在不同阶段有不同的需要，需要社工站给予持续的、到位的服务，工作人员的稳定使得对服务对象的需要和发展阶段能够及时跟进，这也是保证服务质量的前提。灾后重建中的一个常见现象是在短时间内有很多机构、很多服务提供者。他们的特点是流动性大、更新快，我们称之为"职业志愿者"，与服务对象刚刚认识后就要离开，不能跟服务对象建立专业关系，也不能提供长期、系统的服务。因而服务对象面对众多机构频繁更换新人显得无所适从，不知所措。

要保证服务团队的稳定，支持是必需的。除薪水要能够体现工作人员自身的价值外，顾问督导、专业培训、团队建设等软件也不能缺少。

从社工本身来说，作为一个新手，在开展服务时通常结构性的活动比较适合。而当关系建立或社工更有经验以后，可多考虑非结构性的活动，在活动中注意服务对象的增权和能力建设。当然，这只是一般的规律，结构性的活动中不代表没有非结构性的活动，而非结构性的活动也不代表完全排斥结构性的活动，两者之间如何平衡要在实践中体会。

第三，从服务对象来看，优势视角的使用会让服务变得更加多元。如前所述，社工站的服务对象有康复学生本人及其家庭、学校、社区等。社工站在提供服务时不能将眼睛只盯在问题上来设计活动。诚然，残疾人有许多现实的不便，主流也充斥着对残疾人缺陷的放大和随之而来的歧视。但作为社工在看到问题、需要之外，更要看到服务对象身上所具备的能力、优势及环境中所拥有的资源。只有这样，在活动方案设计上才能避免社工单一主导的局面，并鼓励服务对象参与活动的设计及活动的开展。如此一来，服务的目的就不单单是问题的解决，还有预防和发展性服务，使得服务变得多元起来，能够更贴合服务对象的需要。

第四，从专业发展来看，专业本土化应该是一个发展方向。先专业化后本土化，在专业化的过程中实现专业落地并本土化。社会工作在内地尽管已经有接近 30 年的发展，但前 20 年更多的是在学院以教育的形式进行，真正实践的开展并不长久。在自己没有专业化的前提下，需要从业人员首先学习外面成熟的社会工作经验，批判性地掌握其价值和技巧，并在具体服务中首先予以保证，使从业人员以专业的形象出现，获得一定的社会认可。当然，外面的东西并不全部适合本土情境，这就需要社工在保证专业实践质量的基础上逐渐落地，吸收本土的理念、知识和技巧，将之运用到具体服务中去，最终实现专业和本土的融合，即专业本土化。

参考文献

波玲·布思:《家庭压力管理》,周月清等译,台北:桂冠图书股份有限公司,1994,第 27~59 页。

陈会全、沈文伟:《论灾后学校康复社会工作的基本原则:基于汉旺经验》,《社会工作》2011 年第 10 期,第 214~229 页。

丁梁杏芬、倪凌锦霞编著《个人、家庭、社区——康复服务整合新体验》,救世军康复服务出版,2006。

郭伟和:《越轨青少年社会干预的基本倚重和工作策略》,《中国青年研究》2004 年第 11 期。

黄伟坤:《宁养服务中的跨专业合作技巧》,《中国社会导刊》2008 年第 24 期。

黎熙元、陈福平:《公共福利制度与社会网的功能互补——包容性社会政策的基础》,《中山大学学报(社会科学版)》2007 年第 6 卷第 47 期。

Juliet C. Rothman:《残疾人社会工作》,曾守锤、张坤译,华东理工大学出版社,2008。

李楚翘:《社区康复——康复服务之新里程》,载蔡远宁、杨德华主编《香港弱智成人服务:回顾与展望》,香港:中华书局,1997。

刘玉琼:《家庭为本抑或工作为重:反思香港强化家庭的措施》,《基督教香港信义会社会服务通讯》2007 年第 43 卷第 1~3 期。

龙迪:《专业介入:从一个人到一群人》,《中国社会导刊》2008 年第 10 期。

秦炳杰、陈沃聪、钟剑华:《社会工作实践基础理论》,香港理工大学出版社,2002,第 214~229 页。

吴桐:《关于全人教育理念下的香港中文大学书院制度的思考》,《高教发展论坛》2009 年第 11 期。

姚尚满:《我国残疾人社会工作的理论及方法探讨》,《山西高等学校社会科学学报》2006 年第 9 期。

张东海:《通识教育:概念的误读与实践的困境——兼从全人教育角度

理解通识教育内涵》,《复旦教育论坛》2008 年第 6 卷第 4 期。

周月清:《家庭社会工作——理论与方法》,台北:五南图书出版公司,2001,第 80 ~ 88 页。

Bernard C. K. Choi and MSc Anita W. P. Pak, Multidisciplinarity, Interdisciplinaity and Transdisciplinarity in Health Research, Services, Education and Policy: 1. Definitions, Objectives, and Evidence of Effectiveness, *Clin Invest Med* · Vol. 29, no. 6, Dec. 2006, pp. 351 – 364.

附录　各康复模式图表

	机构为本	社区为本		学校为本
负责的机构	德阳市残联-香港红十字会康复及假肢中心	香港复康会-四川地震灾区社区康复资源中心	绵竹青红社工服务中心	香港理工大学绵竹汉旺学校社工站
理论及理念	• 人道主义 • 系统理论 • 社会融合 • 全人康复 • 跨专业合作	• 自我管理 • 社会包容 • 自助互助 • 跨专业合作	• 发展性社会工作 • 增权与集体生计	• 社会包容 • 生态系统观 • 跨专业合作 • 全人康复 • 家庭为本
介入模式	• 机构为本：全人模式的一站式康复服务 • 从中心到社区：参与式的社会康复 • 义工发展	社区为本康复（CBR）	• 生计互助小组 • 社区组织建设 • 生计项目开展 • 组织发展	• 学校为本 • 通用过程模式
操作步骤	• 多专业合作会议 • 三种不同个案 • 参与式小组工作	社区发展四阶段操作	• 小组工作 • 社区组织建设 • 领袖工作 • "管委会"运作 • 生计项目开展 • 组织发展	• 通用过程模式

	机构为本	社区为本		学校为本
实务示范	• 跨专业的合作机制 • 社工个案 • 医务个案 • 个案协调 • 什邡市红白镇红白互助小组 • 绵竹市脸谱工作坊	• 都江堰 • 陈家坝乡 • 超市购物体验活动 • 无障碍城市定向活动 • 夕阳红太极互助小组 • 个案为例	• 青红家庭生计互助小组 • "梦想起飞"干杂副食店 • 养殖母鸡项目 • 青红种植专业合作社 • 妇女手工作坊发展	• "同在一条船"家长减压互助小组 • 跨专业个案案例 • "让生命舞动起来"艺术组

后记　几点醒悟

欧美雪

　　看完全书，不知大家是否会有这样一种感觉：很多资源从不同的地方进入地震灾区。书中举了四个例子，还有很多——很多理念、专业工作手法——没有被写出来。大家或许会问：这些资源是长期的还是会撤走？这四个例子现在还在四川吗？还会继续下去吗？灾害康复社会工作的提供是短期的还是长期的呢？重建要多少年才足够？五年？十年？康复人士很多是终身残障，他们需要的支持是一生的还是短暂的？灾害康复社会工作服务人员应该在什么时候撤走呢？要"永远与康复者同行"还是"让康复者陪其他人同行"？笔者没有答案，需视不同处境及因素决定，但有一点要坚持——康复社会工作的精神：自助—互助—助人。

　　在本书的例子中，有三项香港的资源进入灾区提供支持，只有"青红"是本土例子，这反映了很多受灾地区多接受外来专业的支持，特别是在中国内地，社会福利正在发展中。但外地资源提供者需有深入的反思，不要做"善霸"（指拥有庞大资源的善心人士，主导所有救灾及重建的想法，没有尊重本土人士的意见）或"专业殖民主义"（指专业人士倚仗一己的专业知识而忽略本土文化，以外来的方式参与救灾或重建），特别是当外来价值观及文化进入灾区时，需尊重灾区的本土文化及康复人士自身的能力。

　　总结汶川地震救灾及重建经验，康复人士没有发出太多声音，也没有参与到救灾及重建中，这是正常的，因内地康复人士处于弱势，亦被称为残疾人，更何况在灾区。我们期望在未来康复人士能在备灾、救灾及恢复的灾难周期中有更多参与，提供更多意见给政府及救灾团体，让他们成为有权力、有能力、有参与、负责任的生还者。

本书介绍了机构为本、社区为本及学校为本三种康复社会工作模式，每一模式都有它的优势及限制。面对灾难的复杂性及处境性，不同模式需要协调及互补，更需要发展新的、有创意的模式，应对不同灾难、不同灾区的情况。

有关灾难的文献及研究都有其特殊性及时间性。灾害康复社会工作方面的研究及文献并不多，期望未来针对不同灾难、不同受灾康复人士的处境有更多的研究，引发更多启示，带来更多改善。至于灾害康复社会工作的教育及培训则更为重要：前者是为改善及更新知识；后者是具体培训人才以回应灾难，为在前线的社工提供培训，协助灾难受害者。培训社工教育者需要有教材。这本书只是起点，希望能够引发更多反思，也希望有更多这类丛书可做参考。最后，要鼓励所有参与灾区救灾及重建工作的实务实践者总结经验，并书写文章或书稿，让更多人可参考及持续学习。

多谢所有参与灾害救援及重建的无名者！

图书在版编目（CIP）数据

灾害康复社会工作 / 欧羡雪主编 . —北京：社会科学
文献出版社，2013.5
（灾难·超越系列）
ISBN 978 - 7 - 5097 - 4439 - 0

Ⅰ.①灾… Ⅱ.①欧… Ⅲ.①救灾 - 社会工作 - 中国
Ⅳ.①D632.5

中国版本图书馆 CIP 数据核字（2013）第 056677 号

灾难·超越系列
灾害康复社会工作

主　　编 / 欧羡雪

出 版 人 / 谢寿光
出 版 者 / 社会科学文献出版社
地　　址 / 北京市西城区北三环中路甲 29 号院 3 号楼华龙大厦
邮政编码 / 100029

责任部门 / 社会政法分社（010）59367156　　责任编辑 / 杨桂凤
电子信箱 / shekebu@ ssap. cn　　　　　　　　责任校对 / 黄　利
项目统筹 / 童根兴　　　　　　　　　　　　　责任印制 / 岳　阳
经　　销 / 社会科学文献出版社市场营销中心（010）59367081　59367089
读者服务 / 读者服务中心（010）59367028

印　　装 / 三河市尚艺印装有限公司
开　　本 / 787mm × 1092mm　1/20　　　印　　张 / 12.4
版　　次 / 2013 年 5 月第 1 版　　　　　　字　　数 / 199 千字
印　　次 / 2013 年 5 月第 1 次印刷
书　　号 / ISBN 978 - 7 - 5097 - 4439 - 0
定　　价 / 39.00 元